ジャンヌ・ダルク

超異端の聖女

竹下節子

講談社学術文庫

プロローグ

大陸に住んでいなければ見えてこない風景というものがある。

＊

フランスの一都市オルレアンでは、五八〇年も前から、町を包囲していたイギリス軍が撤退して町の城門（中世の都市はみな要塞都市だった）を開けた日を毎年記念している。宗教戦争があっても、革命があっても、それは欠かされることがなかった。

記念の行列の先頭に立って歓呼を受けるのは、颯爽《さっそう》と白馬に乗って甲冑《かっちゅう》をまとい王の旗をもった若い女性である。この女性は、フランスの最初の救国のヒロインであるジャンヌ・ダルクを表しているのだ。

フランスの歴史の中で、人々は、このジャンヌ・ダルクの出現によって初めてフランスという国を意識した。ジャンヌの「救国」が「国」を生んだのだ。

ヨーロッパ大陸では、互いに姻戚関係のある豪族たちが割拠する戦国時代が長く続いてきた。多くの国があるといっても、過去の日本の諸藩や県のような感覚だ。長い歴史のあるヨーロッパ人の「国際感覚」というのは、大きな一国の中での内輪争いを調整する知恵の積み重ねから生まれたものだったといえるだろう。

　そんな中で、支配者同士が殺しあって領土の地図をたえず塗り替えている間にも、土地に住み着いて生きている農民たちの悲劇は変わることがなかった。特に中世の終わりには多くの傭兵たちが大陸を闊歩して、敵味方の領土を問わず略奪虐殺を続けることもあった。

　そういう時代に、ひとつの小さな村で、ひとりの無名の「羊飼いの少女」が、突然、「フランスを救え、パリを追われて亡命中のフランス王太子を戴冠させよ」という「神の声」を聞いた。この少女が、王と神の名において、軍事上の要地オルレアンをイギリス軍から守ったジャンヌ・ダルクである。彼女は歴史に突然登場して、あっというまにその生涯の頂点を極め、しかし、まもなく宿敵のイギリス軍の手に落ちて火刑に処された。しかも、「戦犯」としてではなく、異端の魔女という宗教的な罪によって裁かれたのだ。それは、当時のヨーロッパに群雄が割拠していたとはいえ、建前上はたった一人の「神」を戴いていたために、「国」の正義がひたすら「神」との関係に拠って立っていたからである。

　ジャンヌ・ダルクは、処刑された一四三一年に、「七年以内にイギリスはもっともほしいものを失うでしょう」と予言した。一四三七年に最後のイギリス軍がパリを捨てた。ジャンヌ・ダルクによって、フランスは封建貴族だけでなく全フランス人にとってのフランスとなった。パリも真にフランスの首都として意識された。後にフランス革命やナポレオンが国民皆兵によって「人民のフランス」を創りあげるずっと前に、「神と王とのフランス」がジャンヌ・ダルクによってすでに存在していたのだ。

「ナポレオンのフランス」は、たとえていえば、明治の開国によって外敵と向き合い、国民皆兵によって庶民が初めて「日本人」になり、日本海海戦が国の団結を生んだのと同じような事態であった。けれどもずっと以前の戦国時代に当たる時に、戦乱のヨーロッパでは、権力と無縁な一人の神懸かりの少女が「フランス」という旗を掲げ、他に先駆けて庶民に国家意識を植え付けたわけだ。

これは、繰り返して言うが、ヨーロッパのような状況では、画期的な出来事である。ヨーロッパの他の地方では、長い間、貴族と騎士たちの国家と、領主がだれであれ搾取されて苦しむ農民と、要塞に囲まれて自治を守る都市民とが、ばらばらに共存してきたのである。フランスに早くから近代的な国家意識が生まれたということがフランスの力になった。

フランスという国の中華主義や、ヨーロッパのすべての王室と貴族社会をフランス語フランス文化という形の帝国主義で征服した力の源泉は、そんな歴史に潜んでいるのだ。

だから、その後の歴史の中で革命を経ても、政教分離の共和国になっても、フランス人の心の中には、「ナポレオンのフランス」に先行する「神と王のフランス」、「ジャンヌ・ダルクのフランス」がいつも住んでいるのである。

そして、ジャンヌ・ダルクのフランスは「神」と結びついたフランスだったから、フランスは一九世紀末からの政教分離政策の真っ只中という時代にも、ジャンヌ・ダルクをカトリック教会の公式タイトルである「聖女」にするために奔走した。二〇世紀になってジャンヌ・ダルクはめでたく聖女となり、当然のようにフランスの守護聖女であると宣言された。今の日本のように、ナショナリズムから神や神秘をあっさりと排して捨ててしまった国にいる私たちには想像ができない。

進歩史観はキリスト教西洋に由来するかのように言われているけれど、ひたすら「富国」や「発展」を目指して過去を否定してきた日本にいるよりも、ヨーロッパの国々では、今でも、そこかしこに「神」が、「神秘」が、「中世」が息づいているのが感じられるのだ。私たちは「西洋」との関わりの中で多くのものを取り入れてきたけれど、その中には、見過ごしてきたものがたくさんある。西洋の抱く「神秘」の中に、それを回復する鍵が潜んでいるのかもしれない。

＊

だから、この本は、ジャンヌ・ダルクについて語るのだけれども、いわゆる歴史読み物とはならないだろう。ジャンヌ・ダルクという一人の「普通の女の子」（オルレアンを解放した時のジャンヌは一七歳だった）が国を救い、国家意識を創るということを可能にしたヨーロッパの中世というもの、また、そんな彼女を「守護聖女」として今もなお現役で生かしているフランス人の心性をさぐろうという試みである。

ハイテク時代の日本には、神秘とうまくつきあえずにバランスをくずしてしまう人も多くなった。そんな今こそ、ジャンヌ・ダルクの生と死と復活を通して、ひとつの国が神秘とどうつきあってきたかをさぐることの意味は、大きいだろう。

うまくいけば、歴史も、ひょっとして、新しい扉を開いてくれるかもしれない。

目次

ジャンヌ・ダルク

超異端の聖女

序章　ジャンヌ・ダルクとはだれか

ジャンヌ・ダルクはフランスにとってどんな存在か

一九九六年五月のオルレアン解放記念の日、かの地に赴いたフランス大統領ジャック・シラクは、ジャンヌ・ダルクの残したメッセージは「彼女の名においてときどき繰り広げられる不寛容や拒絶、暴力のディスクールとはまったく反対のところにある」と述べた。

これは、ジャンヌ・ダルクをナショナリズムのシンボルとして外国人排斥の旗印にしている極右政党を、暗に批判したものだ。

＊

一四九三年にリヨンのカード職人が、ジャンヌ・ダルクをテーマにしたトランプを作った。ヒロインであるジャンヌ・ダルクは「スペードの女王」を割り当てられた。暗い運命の女神のイメージである。

一八〇四年、まさに皇帝の座に就こうとしていたナポレオンは、「フランスに危機がくる時にはジャンヌ・ダルクのような英雄が出てくるのは不思議ではない」と自分を正当化した。

＊

ジャンヌ・ダルクは七つの顔をもつ。

＊

私はジャンヌ・ダルクについて、鎧《よろい》をまとって白馬にまたがり兵を率いて颯爽と戦う少女というイメージをもっていた。それだけでもずいぶん魅力的だけれど、フランスで暮らすようになってから驚いたことがいくつもある。まず、ジャンヌ・ダルクが、フランスの英雄であるだけではなく、ヴァティカンに公式に宣言されたカトリック教会の聖女であるということ、その結果としてフランス中の教会にジャンヌ・ダルクの勇姿を飾ったチャペルがあるということだ。同時に、カトリックとも宗教とも縁の薄い、きわめて散文的実務的なタイプの何人かのフランス人が、ジャンヌ・ダルクは少年時代の憧れの人、初恋の人だったと語るのを聞いたことである。どうも、ジャンヌ・ダルクのいる風景が、フランス人の精神的な原風景にぴったりと重なっているらしいのだ。

しかも、その核には、百年戦争でシャルル七世を助けイギリス軍を破ったという歴史的存在のジャンヌというよりも、神の「声」を聞きそれに従ったという神秘的存在だったジャンヌが住んでいる。ジャンヌ・ダルクが救国の戦いに立ち上がったきっかけは、田舎の家の庭で聞いた天のお告げだったといわれている。彼女は「フランスを救え」と命じたお告げのことを、終始「声」と表現していた。この「声」は、単に英雄譚につきものの伝説ではなくて、公式の文書に言及された証言だ。この「声」は、ジャンヌの物語の中で唯一の超常的な部分なのだが、このエピソードは伝説以上の重みをもってフランスに根付いた。

1429年5月10日、高等法院の記録簿の縁に描かれたジャンヌの絵（フランス国立公文書館蔵）

たとえば私がパリの音楽学校で個人レッスンを受けていた時のことだ。楽譜に注意事項を書き込んでいた教授がふっと顔を上げてこちらを見て、「えっ、今何か言った？」と尋ねた。いわゆる空耳である。「いいえ、何も」と答えると、教授は照れたように笑いながら、「ああ、やっぱり、さすがフランスにいるんだなあ、『声』を聞いてしまったよ」と言った。

この「声」というのは、なんと、五八〇年以上も前にジャンヌ・ダルクが聞いたといわれる「神のお告げ」を指しているのだ。

「声」はジャンヌにとって両刃《もろは》の剣となった。この「声」に導かれてジャンヌは国を救った。しかし結局、この「声」のせいで、ジャンヌ・ダルクは宗教的異端者として火刑に処されてしまった。当時すでに洗練された官僚組織としても頂点を極めていたカトリシズムは、一信者が直接神の声を聞くことなど歓迎するわけがなかったのだ。

けれどもその後、政治状況が変わり、ジャンヌは見事に復権した。そして今世紀初めに聖女と呼ばれるまでになった時には、この「声」こそが彼女が神に選ばれた少女であるという根拠になった。同時に「声」は、フランスと神とを結ぶホットラインとして、フランス人のナショナリズムのシンボルになったというわけだ。

聖母マリアとジャンヌ

フランスのナショナリズムはもともと女性のイメージと密接に結びついている。フランスという国名が女性名詞であることも手伝って、フランスは国の顔として女性のイメージを使いたがるからだ。もともとフランスには聖母マリアへの崇敬があった。

聖母マリアはフランスの代表的な守護聖女である。パリのノートルダム大聖堂で有名なノートルダムとは、その聖母マリアのことを指している。フランス各地のノートルダム大聖堂や教会は、聖母マリアに捧げられた教会なのだ。

シャルルマーニュ以来、代々のフランス王はみなマリアびいきだった。ルイ一一世は一五世紀にすべての国民が国のために毎日ひざまずいてアヴェ・マリアの祈りを唱えるようにと奨励したし、一七世紀にはルイ一三世が武運の願をかけてフランスをマリアに奉献した。聖母に熱烈な愛を捧げた聖人たち、ベルナルドゥスやルイ＝マリー・グリニョン・ド・モンフォールもフランス生まれだ。今でも聖母の被昇天祭は国民の休日である。そんな聖母への崇敬が、ナショナリズムと結びつかずにいるのは、難しい。

今の共和国体制の基を築いたのはフランス革命だが、フランス革命では教会権力が否定され、聖母崇敬も否定された。けれども聖母に代わるような実在の救国のヒロイン、革命のヒロインというのは登場していない。だから、三色旗を掲げて戦う「マリアンヌ」というイメージキャラクターが無理やりつくられた。マリアンヌは今に至るまで切手の顔でもあるし、各官庁や役所のマークでもあり、凱旋門の巨大レリーフから村役場の玄関の胸像にまでちりばめられている。いってみればこのマリアンヌは、「共和国」にとってのジャンヌ・ダルクなのだ。

といっても、架空のマリアンヌよりも、歴史的存在のジャンヌ・ダルクの方がインパクトが大きいのは当然だ。だからフランス革命後のフランスでも、ナポレオンは、侵略戦争を正当化し自分を神格化するためにジャンヌ・ダルクを引き合いに出した。一九世紀のことである。そしてその後も、国が危機を迎えるたびに結局はジャンヌ・ダルクがかつぎ出されてくることになる。

特に、一九世紀末にはジャンヌ・ダルクの一大ブームが起こった。それは、政教分離の共和主義がまだ試行錯誤を重ねていたことと、一八七一年の普仏戦争の敗北によってナショナリズムが高まったのに、共和主義がそれをまとめる有効なシンボルを見つけられなかったためだ。ジャンヌは抹香くさくもなく迷信くさくもない新しいヒロインとしてクローズアップされた。共和国議会は、中世の救国の少女を持ち出してきてオルレアン解放の日を祝日としたのだ。教会の異端審問にかけられて殺されたという経歴から、ジャンヌは自由主義の先駆けだとみなされた。けれども、政教分離による権力の低下に苦しんでいたカトリック側は、その機会をとらえて一気にジャンヌを教会としても正式に昇格しようと試みた。こうしてジャンヌはまず尊者として崇敬を許可され、二〇世紀に入ってからは福女というタイトルをローマ教会から得て、さらにカトリックの正式な聖女として認定されることになる。同時にジャンヌは聖母マリアとならんでフランスの守護聖女であると宣言された。聖女になる五世紀前にジャンヌの復権裁判が行われたのが、聖母マリアに捧げられたノートルダム大聖堂だったというのも、因縁深い。

言い換えると、ジャンヌ・ダルクが宗教的にも政治的にも復権したということは、共和国フランスが、聖母マリアへの崇敬を同時に回復したということである。

政治と宗教のバランス

一九〇五年以降、ノートルダム大聖堂は国家の所有となって、カトリック教会はいわば家賃を払わない店子という形になっている。一九九六年の一月、ミッテラン前大統領の国葬ミサがここで行われた。フランスは、伝統的なカトリック国であるにもかかわらず、欧米諸国の中でも率先して政教分離政策を進めている国であり、ミッテランも湾岸戦争の時に米英の首長と違って決して神の名を口にしなかった。信仰についてのインタヴューでも自分はむしろ不可知論者だと答えている。その彼が、遺言の片隅に「ミサも可能」と書き残した。この一句を根拠にして、故郷の教会とパリのノートルダムとでの同時ミサが行われたというわけである。

時のシラク大統領はこの宗教行事に満足した。また、そのしばらく後で、故ドゴール将軍の例に倣ってローマ法王を正式訪問し、「フランスはカトリック教会の長女」という古い表現を蒸し返して、共和国主義者の眉をひそめさせた。政治と宗教のバランスをとるのは微妙なわざを要する。

ミッテランも、カトリックの洗礼や堅信礼を受けているという点では立派にカトリック教会の一員であったし、イエズス会の学校教育を受けてもいる。シラク夫人も全寮制の修道院で教育を受けたカトリックだ。また、何よりも、ノートルダムに象徴されるマリアへの思いが、フランスという国のカトリックとの絆を、よく語っている。

もっとも聖母やジャンヌ・ダルクがナショナリズムと結びついて、政治に翻弄される事態は変わらない。実際、毎年の聖母の昇天祭には、ノートルダム大聖堂前の広場で、極右の国民戦線党がカトリック原理主義者とともに行列をするという光景が見られる。その国民戦線党のシンボルはほかならぬジャンヌ・ダルクであり、五月のジャンヌ・ダルクの祝日にも派手な行列が繰り広げられる。

神秘への感性

歴史上の英雄を宗教上の英雄にもしてしまうということは、新たな神話を創造するということにほかならない。フランスをよく知るようになった外国人は、そんな神話が今でも堂々と生きているということに気づいて、まことに意外な印象を受ける。フランスといえば、ヨーロッパの中でもはっきりと政教分離を進めた、もっとも醒めた合理的な国だという認識があるからだ。

実際、ジャンヌ・ダルクの「声」を持ち出して冗談をいうフランス人にも、「お告げ」を聞いた神懸かりの救国の少女のことを半分は誇りにし、半分はデカルト風合理主義による自嘲と照れとを見せるという二面性が感じられる。ジャンヌ・ダルクの抱える神話とは、フランス人が、今も息づいている中世的な神秘の感性を、そっと温めてねかせてある懐のようなものかもしれない。

神秘への感性というのは、言い換えれば、「謎」への感性だ。歴史の抱える「謎」を、合理的な精神ですべて解明していくのではなくて、謎自体がパワーをもっているのだと認めて、それを利用するために謎をそのままで受け入れるという選択でもある。

フランスの歴史の中でもっとも人気がありもっとも研究されているのは、一七世紀の太陽王ルイ一四世と、一八世紀から一九世紀にかけてのナポレオン、そしてこの一五世紀のジャンヌ・ダルクだ。三人とも、フランスの栄光を広く世に示した英雄ということになっている。

けれども、他の二人が、プライベートに至るまで考証され尽くしているのに比べると、ジャンヌ・ダルクについて知られている事実は非常に少ない。彼女が公の歴史の表舞台に登場したのは僅か二年間余りのことに過ぎないからだ。しかも実際に権力の座についたわけではなく、それどころか、短い生涯の最後には魔女として宗教的に抹殺されてしまったという謎を抱えている。彼女について書かれた記録のほとんどは、この宗教裁判が占めている。そしてまさに、この裁判での嫌疑の出発点となったのが、ジャンヌの聞いた「声」という「神秘」だったのだ。

ジャンヌ・ダルクがフランスにとって特別な存在になった理由は、彼女のもつ神秘とフランス人の持つ神秘への感性が合致したからにほかならない。

超自然の謎

ジャンヌ・ダルクはイギリスとフランスが、フランスの王位継承を争った百年戦争の後半に生まれた。フランス北東部の小さな村の比較的富裕な農家の娘だった。

ジャンヌは一三歳の時に自宅の庭で突然「声」を聞いた。「声」はフランスの荒廃を憂えて、少女ジャンヌに国を救うという使命を与えた。内容は、イギリス軍を駆逐して、亡命中のシャルル七世をランスのカテドラルで神の名において戴冠させよというものである。

少女が一七歳になった頃には、「声」の伝える使命の内容はますます具体的になった。少女は村を離れ敵地を横切って王に会いにいかねばならない。そして王の軍隊を率いて、イギリス軍に包囲されている戦略の拠点オルレアンを解放しなくてはならない。

少女の一途な確信は人々を動かした。戦争の長期化で疲弊し、藁《わら》にもすがる思いになっている民衆や将兵の気持ちがジャンヌに賭けてみる結果につながったこともあるだろう。

そして、少女は、甲冑に身を固め、白馬にまたがり、王家の百合の紋章とイエス、マリアの字を染め抜いた軍旗を翻して出陣する。「声」の告げたとおりに、僅か数ヵ月のうちに、オルレアンを解放して、シャルル七世を無事に戴冠させるという偉業を成し遂げるのだ。

ところが戦争はまだ終わったわけではなかった。ジャンヌは、穏健な外交政策に切り換えはじめたシャルル七世に持て余された形で、ある戦場で敵の捕虜となった。イギリス軍に引き渡され、あまつさえ異端審問にかけられて、異端者で魔女であると断罪され、生きたまま火《ひ》炙《あぶ》りにされてしまった。わずか一九歳だった。

その後シャルル七世が覇権を確立して、イギリス軍がフランスから撤退し、百年戦争が終結した。フランス王は、ようやく、自分の戴冠に功績があった少女の復権裁判にとりかかった。死後二五年を経た一四五六年に、ジャンヌを裁いた異端審問が政治的偏見に満ちた不当なものであったという、異端の取り消しが宣告された。

これだけでもかなり数奇な運命ではあるが、歴史の英雄としてのジャンヌ・ダルクの特色は、その行動の中心に、「天の声」という、大きな超自然の謎を抱えているところだ。彼女は宗教の教祖などではない。現実に兵を率いた戦士であり、政治的軍事的な存在だった。祭政一致の先史時代の話ではない。ルネサンスを直前にして近代化の息吹があった一五世紀フランスのことである。体制宗教は、ヒエラルキーを脅かすような神秘主義者をもう必要とはしていなかった。そんな時代に、国家的な、決定的な場面に、「一少女に語りかけた神」という理屈抜きの「信仰」をジャンヌ・ダルクは押しつけたのだ。このことによって、その後のフランスは、「神の声を聞いた少女」という神話的部分、永遠に解くことのできない「謎」を歴史の中核に抱えていくことを余儀なくされたわけである。

歴史的存在から神話的存在へ

といっても、それからのフランス史を見ていくと、デカルトや啓蒙学派や共和国主義による、脱神話、近代化への動きにもかかわらず、ジャンヌ・ダルクの超常部分を否定したり解明したりしようという試みはなぜか積極的にはなされていない。それどころか、ジャンヌ・ダルクの「声」という解けない「謎」に対するフランス人の姿勢は、前に触れたように、「神秘」なるものにひかれる感性に従って選択されたもののように思われる。それも、謎の真相を詮索せずにそっと抱えておくというような消極的なものではない。むしろ、神秘というものが歴史の中央に投げかける影の中に尽きないエネルギーを見出して、それを引き出していこうとしているようにさえ思われる。つまりフランスは「神秘」を温存したばかりでなく、そこから積極的に神話を創りあげてきたのだ。

他の国の文化でなら、ナショナリズムの台頭期には、政治的理由で、建国神話の伝統的英雄を無理やりに歴史の実在の英雄にすりかえるという試みの方が多いかもしれない。政治的英雄を神のように祀り上げるということがあっても、それは独裁のためのレトリックであるか、死後に後を引き継ぐ体制のための権威づけというところが普通だろう。フランスは、逆に、はっきりとした歴史的存在であり、しかも権力者でもなかったジャンヌ・ダルクという一少女を、死後数百年も経ってから、積極的にアクチュアルな神話的存在へ押し上げるというアクロバットを辞さなかった。歴史を本格的な現在進行形の神話としてリメイクしたのである。

列聖システム

それを現実に可能にしたのがカトリシズムの列聖システムだ。それは次のようなものである。ある人物の死後、その出身地の司教に、信者のグループがその人物を聖人として認定してほしいという嘆願書を出す。それに応じて司教が調査を開始し、聖性と徳性の審査を経て、聖人にふさわしいとなれば書類を法王庁に送る。法王庁の特別の審議委員会でまた綿密に検討され、最終的には法王がその人物を聖人として宣言するのである。これによってその聖人は公式に礼拝が許可され、その聖人に捧げるチャペルや教会を建てることも許される。

その審査の基準というのは、決して生涯に果たした業績の善悪の判断だけではない。要となるのは、その人物が神に認められて天国に行っており、さらに神と人間の仲介役として死後も役に立っているかどうかということだ。具体的には、人々が祈りの中で、その人物に呼びかけ、祈願を神に取り次いでほしいと頼み、それがかなえられたかどうかを審査する。要するに、信者の現世利益に有効であるかどうかということだ。この審査は「科学的」に行うというのが建前なので、医学的な奇跡が主に取り上げられる。つまり、難病の者が聖人候補にすがって祈った結果、突如として、完全に、医学的には説明不可能な状況で治癒を得たという症例が求められるわけだ。

しかも、正式な聖人となる前段階に「福者」認定がある。この時にも奇跡治癒が必要で、福者になってから聖人へランクアップする時に、また新たな奇跡が要《い》るのだ。常に実際に有効であることが要求されるわけである。

ジャンヌ・ダルクの場合は、まず、女子修道院がジャンヌ・ダルクの名を立てて特別に行った九日間連続の祈願で起きた奇跡の治癒が審査された。一八九一年のもの、一八九三年のもの、一九〇〇年のものだ。この三例とも複数の医学者の審査を経てめでたく承認され、ジャンヌは一九〇九年に福女となった。フランスはちょうど政教分離政策の真っ最中で、多くのカトリック組織が弾圧を受けていた時期であったにもかかわらず、ヴァティカンで行われたセレモニーには四万人のフランス人が参加した。抹香臭い聖人崇敬を拒否しはじめていたフランス人が、勇ましい救国のヒロインを、奇跡の掛け声とともに聖女に祀り上げることには夢中になったのだ。ジャンヌ・ダルクは宗教権力の象徴などではなくて、まず、フランスの独立と尊厳とのシンボルだったからだ。

フランス人はジャンヌ・ダルクを聖女にすることで、全カトリック世界に対して、フランスと神との特権関係を認めさせることになった。一九世紀末のナショナリズムの高揚期における最高のプロパガンダであった。

福女の宣言の後で、すぐに聖女への昇格の申請がなされた。そのために新たに三件の「奇跡治癒」の症例が提出された。そのうちのひとつは一九〇九年に南フランスの巡礼地ルルドで起こったものだった。群衆が、祈りの中で「福女ジャンヌ・ダルク」といっせいにジャンヌの名を呼んだ時、巡礼に訪れていた重病人の一人が、突然、奇跡的に治癒を得たというものだ。

奇跡は一九一四年に真正であると認定された。その後、前任者の死によるローマ法王の交代があり、第一次世界大戦をはさんで、一九二〇年の五月、ジャンヌは晴れて聖女となった。

この列聖には実は次のような政治的事情もからんでいた。第一次大戦の間に、当時イタリアに主権を奪われていたローマ法王にドイツが接近して、協力すれば戦勝後の独立を約束すると提案した。結局法王はドイツを支持しなかったが、このことで戦勝国フランスと法王庁との関係はまずくなった。ジャンヌ・ダルクの列聖は、外交関係が修復していないフランスへのローマ法王による精神的賠償のような意味合いもあったのだ。五〇〇年前に生きた歴史的な人物を、奇跡という現象を堂々と表看板にした宗教的存在にしてしまうことが、外交手段になったというわけである。中心人物が何世紀も前の一少女であることを思うと、第二次大戦後の日本で天皇が現人神からの降格を連合国から強制されたことなどとは、方向が逆であることを別にしても、まったく性格を異にした完全にヴァーチャルな次元の外交であるという点が興味深い。

ヴァティカンでのジャンヌ・ダルクの列聖セレモニーには、四〇人の枢機卿、三〇〇人の司教が集まり、フランスから無数の巡礼者がつめかけた。一月後にはジャンヌ・ダルクの祝日が共和国の祭日に制定された。

大統領がいても、マリアンヌがいても、政教分離の時代になってさえも、フランスはジャンヌ・ダルクと彼女のもつ神秘とを必要としたのだろう。

フランスが必要としたのはいわゆる「宗教」ではなかった。宗教の枠に入りきらない「謎」と「奇跡」を、「神秘」を必要としたのだ。

それは先にも述べたように、フランスという国の魂の奥にある「神秘」と関係があるのだろう。フランスだけではなく、キリスト教的時間を共に歩いてきたヨーロッパに共通して流れる「神秘」への嗜好につながっているといってもいい。だからこそジャンヌ・ダルクはフエニックスのようにいつまでも生き続けることができるのだろう。

「神秘」のパワーの代表者

私がフランスに住むようになってから、ジャンヌ・ダルクをテーマにした芝居を見る機会が何度かあった。毎年たくさんの古典芝居や無数の新作演劇が上演される中で、どうして、あいかわらず「ジャンヌ・ダルク」という名が呪文のように人を引きつけるのかが、そもそも不思議に思われる。しかも勇ましい戦闘シーンというのは芝居にはなりにくいので、結局、ずっと地味な、神の声を聞く少女時代か、牢獄の裁判シーンが上演されることになる。

けれども、ジャンヌ・ダルクの芝居というものには、演じる方にも観客にも、その度に、一種独特の熱い思い入れがあるようだ。ジャンヌ・ダルクを演じることはフランス人がジャンヌというヒロインにおくるラブコールであるだけではない。どうやら彼女を通して、彼女の象徴する「神秘」そのものへラブコールを送っているらしいのだ。

それればかりではない。ジャンヌ・ダルクの芝居は、演じられる場所そのものも、その神秘のオーラに呼応するような所が選ばれることが多い。言い換えると、フランスでは、そのようなテーマにぴったり合った超時代的な舞台というものが都会の真ん中にも存在するということである。神秘は現代でもなお居場所をもっているというわけだ。たとえば、クリュニーの古代ローマ時代の浴場跡の遺跡の中で演じられたシャルル・ペギーの『ジャンヌ・ダルクの慈愛の神秘劇』は、村の少女姿のジャンヌの物語であるが、まさに中世の宗教劇の香りを放っていた。

ある時は、パリにところどころ残っている入り組んだ地下室と地下牢のある建物で、裁判記録の言葉だけから構成した芝居があった。観客は、暗い階段を降りて、中世世界へと誘われる。薄暗い石の廊下の脇に独房があり、足に鎖をつながれた一人の娘がうなだれて祈っているのが柵越しに見える。天井の低い、冷たく湿った部屋に入って、ぐるりにある石のベンチに腰を降ろすと、今しがた通ってきた方で、鍵のがちゃがちゃいう音がきこえ、扉のきしむ音がする。やがて看守にせきたてられるようにして、質素な服を着た華奢《きゃしゃ》なジャンヌが登場する。続いて赤い僧衣を着た司教が入ってくる。この二人の間でなされる対話は、一字一句、現存の異端裁判記録から採られたものだ。

ジャンヌの言葉には命が通っている。ある人が見神者であるかないかということは、長い分析や観察などを必要としないかのようだ。その言葉のどんな断片からも、その人の真実が見えてくる。中世からのメッセージは、私たちの心の、超時代的な部分、神秘の部分に直接響いてくる。ジャンヌの言葉を聞いていると、私たちの心に「神秘」を聞き分けるレセプターがあるのだということを発見する。

ある時の芝居は、『男の服』というタイトルだった。ジャンヌと二人の審問官、そしてジャンヌに畏怖を覚える若い看守がせりふをやりとりする。ラストシーンは火刑台だ。炎の中で死ぬのはフェニックスであるジャンヌにふさわしい。

「超―異端（パラ・エレジー）」

ジャンヌ・ダルクは、異端とか正統とか、善悪とか正誤とか、魔女とか聖女とかの区別を無視した彼方から来る力のもつ麻薬のように妖しくも快い魅力を伝えてくるようだ。いったい、こんな風に、現代のパリの町で、時を超えた力を執拗に伝えてくるジャンヌ・ダルクとは何者なのだろうか。彼女の生きた中世というものは、過去の暗黒時代などではなくて、パリのそこかしこに今も口を開けている神秘のパラレルワールドなのだろうか。

そんなことに注目してみると、私たちのヨーロッパ史に対する見方は少しずつ変わっていく。そして、ジャンヌ・ダルクのいるキリスト教ヨーロッパの中世の風景を、目を凝らしてじっと見つめてみると、彼女が決して孤立した唯一の存在だったのではないことがわかってくる。

従来の歴史研究の手法は、ある理論に従って史実の価値判断をしてきた。カテゴリー分けとメモリー増強と情報収集が中心となる。ところが、ジャンヌ・ダルクのような人物を通して歴史を見ると、従来の歴史の向こうに、自由で過激な、密やかでいてかつ熱い、沸き立つエネルギーの発信源が確かに存在するのがわかる。そしてこのパワーは、ジャンヌ・ダルクが中世の人物であったにもかかわらず今も生き生きと伝わってくるというものではない。むしろ、ジャンヌは、中世に生まれたからこそその力を十全に発揮できたのだ。言い換えると、このようなパワーは中世という時代において特に、より高い密度で生まれていたようだ。

そのパワーは、歴史の尺度や公式に、今も当時も収まりきれないからこそ、今も現役で働きかけているようなのだ。「破格」だけのもっている魅力、「異端」だけのもっているパワー、「神秘」だけのもっている興奮などがそこに息づいている。

そんなパワーが特に中世から伝わってくるというのはどういうわけだろう。それは、中世史というものが、公の教会史に圧倒されて、突出した個々のヒーローやヒロインの動きやエネルギーに注目することを怠ってきた、まさにそのことに関係があるようだ。中世は「暗黒」時代だといわれてきたが、その「暗黒」に隠れて、未整理の力が未整理ゆえにパワーを発揮してきた。そして、実は中世を動かしてきたのは、そういう「無印」のエネルギーであって、そのメッセージは、歴史に洗われて古くなるどころか、時間軸を超越した地平で今もヨーロッパ人の心性に刻印されているらしい。そのメッセンジャーたちは、彼らの時代に個人史を超える生き方をし、歴史の評価からもすりぬけているせいか、現代の私たちに対しても、今の時代や文化やモラルの向こう側にある「真理」と直接向かい合おうと誘うかたちで問題を提起してくるかのようである。

カテゴリー分けを経ていないそんな地平を総称して、中世史の学者ジャック・ル・ゴッフは「超－異端（パラ・エレジー）」という新しいコンセプトを唱えている。歴史上で異端とよばれるものが実は正統を活性化するダイナミクスを構成しているのだという考え方はすでに存在していたが、ル・ゴッフは、正統と異端という歴史上の区別そのものが未分化である地平に注目したのである。この考え方は中世史についてのものではあるけれど、実は非常に今日的な意味をもっている。

「正統」と「異端」

キリスト教における術語としての「異端」とはギリシャ語に語源をもつもので「選択」というほどの意味だった。つまり公式教会によって誤りとされた教義を信奉するという方針を選択することであり、初期教会は、教義について意見が分かれるたびに公会議を開催して多数決にはかることで、どんどん分派を切り離していったのだ。オリエント教会との分離がこうして行われた。その後では、ヨーロッパ文化の母体を形成したローマ・カトリック教会は、政治権力と緊密に繋がっていたこともあって、体制維持の見地から、異端の分類と弾劾のためのより高度で緻密なシステムを作り上げていった。

教義を明確に打ち出すための態度の決定という意味でも、異端の疎外は必要だった。最初はゲルマンやケルトの異教との戦いで異端が決定され、ヨーロッパとローマ・カトリックとがだいたい重なったあとでは、「異端」狩りは、一六世紀の宗教改革において、プロテスタントを排斥するために新しい意味をもつことになった。

異端を定義することは、「正統」を輪郭づける過程に欠かせないプロセスである。その限りでは、正統と異端は「柄」と「地」のような関係であって、異端は、正統というモティーフを切り取る背景全部に当たる。それぞれの時代と共に柄ゆきは微妙に変わっていき、地と柄が反転するように見えるときすら出てくるが、それでも、正統が異端をつくり、異端が正統をつくるという基本的な関係は変わらない。

以前の歴史学は柄を見分けようとして、「柄」を際立たせる色の塗り分けに専心した。やがて、民衆史やフォークロアをも含む「地」の部分にも注目する研究が登場し、さらには、地と柄の間の関係性自体にも関心がもたれるようになった。

そして、最近は、そもそも地と柄がどういうふうに生起してくるのかを探ろうとする歴史学者が現れてきた。そのようなアプローチは、歴史をつくる人間の精神そのものを研究するという点で、歴史学というよりも人間学に近いといってもいいだろう。

視線を変えてみると、それなりの風景が見えてくるものだ。そんな流れの中で、歴史学者ジャック・ル・ゴッフは、中世ヨーロッパに「超－異端（パラ・エレジー）」とでもいうべき営みがあることに気がついたわけである。

それまでの中世観は、キリスト教という「柄」がいっぱいに広がっていたかのようにとらえるものだった。けれども、優勢な「柄」とそこからはみ出た暗い「地」の部分の他に、「超－正統」であると同時に「超－異端」であるともいえる別の「外－文化」あるいは「原－文化」のディメンションが広がっているようだというのが、新しい見方である。

つまり「超－異端（パラ・エレジー）」の地平というのは、歴史に記されて残った正統と異端の塗り分けとは別にパラレルにある地平の発見だといってもいいだろう。その地平にあるさまざまな動きは、まだ正統にも異端にも振り分けられてはいない。その多くは、正統と異端という「歴史」の地平へ振り分けられ当てはめられることのない未分化な形のままで、時代を越えて人々の無意識の層に直接に働きかけていたり、未来のある時代の振動数に突如として共鳴して顕在化したりするのだろう。

一方で、超異端の動きのあるものは、見せしめの異端として正統の地平に引きずり降ろされて公式に弾劾されることがある。けれどもまた、それとほとんど同じものでも、別の文脈の中では、正統のレッテルを貼られるばかりか時代の模範として賞揚されることさえあるのだ。超異端の「超」がはずれて特定の歴史上の異端になったり特定の文化における正統になったりするわけだが、まさに、その「超」の外し方がそれぞれの時代を映す鏡となるわけである。

女たちのエネルギー

しかし超異端が真にそのパワーを発揮するのは、やはり、正統や異端という伝統的な公式な地平に組み入れられぬままのカオス状態で「野放し」にされているシチュエーションにおいてである。ジャック・ル・ゴッフは、だからこそ、中世の「超－異端」の動きの中心にいたのは、無名の女たちであると言った。

近代の歴史学は女性を社会的に従属したジェンダーであるという観点から扱ってきた。それは、絶対王制が華やかな頃にオブジェの地位に矮小化された女性のイメージや、資本主義

ビンゲンのヒルデガルト

社会の弱者として抑圧、搾取されてきた女性のイメージを基準にしていたものだ。
ところが、近代歴史学によって「暗黒」の時代と呼ばれた中世において、実は、女性たちが歴史を動かす大きな役割を果たしていたことが、最近になって注目されるようになった。これは成文化されていない民衆史が注目されてきたことと軌を一にする。実際中世には社会を動かすような働きをした有力女性も存在していた。
一二世紀のライン地方に生きたビンゲンのヒルデガルトという修道女の再発見も、この流れの中にある。ヒルデガルトの残した音楽、文学、医学、博物学といった膨大な作品が今になって続々と発見され、復刻され、人気を博している。彼女は時の政治にも大きな影響力をもっていたことも知られており、中世に生きながら、まさに、ルネサンスの天才そこのけのスケールの大きい巨人だったわけである。
実際、ヨーロッパ封建時代の少女たちは、少年たちよりも二年早く、一二歳で成年に達した。女たちは、ある時は神の声を伝える巫女として、ある時は神に熱烈な愛を捧げる恋愛詩人として、ある時は戦士として、外交官として、医者として、教育者として、陰に陽に大活躍をしながら「超－異端」の系譜を形作っていったのだ。だとすると、ヨーロッパの民衆の集合無意識の核をなし、文化のトーンを打ち出したのは、王や領主や司教たちのつくった歴史などではなくて、そんな超異端の女たちのエネルギーであったのかもしれない。

それにしても、超異端の動きを担う中心になったのが女たちであったというのはどうしてだろうか。一つには、超異端のエネルギーを歴史に刻むほどの人間であっても、もし男であった場合は、同時代からただちにレッテルづけをされて事実上超異端の「超」を外されてしまうケースが多いせいだろう。レッテルを貼られることで彼らのパワーは局限化、矮小化する。「歴史化」するといってもいい。また、男たちは、いつも社会的な存在だったから、そもそもあるカテゴリーの中に組み入れられるように育てられていたという事実がある。そのために男たちはあるレッテルを獲得することを目指すようになり、その方向で活動を展開することが多い。これは、一見公式の歴史に登場して華やかではあるが、最初から型にはまったスケールの小さいパワーしかないともいえる。

それに比べると、女たちは、多くの社会の中で、すでに存在論的な異端者であった。すべての女は男にとっての異端者であり、それゆえに、疎外された者のもつ逆説的な自由の翼をもつことができた。カテゴリー外の存在であるからこそ、神を仲介したり、広い範囲に型破りの影響を及ぼしたりすることが可能だったのだ。

ヨーロッパ中世という時代

ヨーロッパの中世という時代にこのような超異端の女たちが輩出したのは、男たちの社会の枠組みが、まだ女たちを完全に抑圧するに至っていなかったからでもある。男たちのつくった官僚社会や競争社会や権力体制や合理主義も、発展しつつあったとはいえ、まだまだ言語化不可能な「聖なるもの」との交流に余地を残すという柔軟性を残していたのであろう。これに対して、産業革命が終わって資本主義と科学進歩主義が支配するようになってからは、女たちは、超異端の地平から引きおろされて、底辺労働力という記号として歴史に組み込まれてしまう。世界は「生産性」によって塗り分けられ、「神秘」は力の源泉ではなく征服される遺物となってしまった。

ホイジンガが『中世の秋』で一四―一五世紀のことを、滅びゆく季節として描いたことは有名だ。けれどもそれは近代史観から見た中世像であった。今は、実は、中世こそ、神秘的な高いボルテージを有した超異端の動きが特に活発になった時期であると、見直されつつあるわけである。

確かに、一四―一五世紀には暗い材料も多かった。一四世紀半ばに中東から入ってきたペストは人口を激減させた。社会は飢饉や戦争や疫病にさらされていて脆弱《ぜいじゃく》で不安定になり、文化的には一二―一三世紀の大聖堂建立時代からずっと落ち込んだままであったようにみえる。絶対の権力をもつと思われた教会は、法王庁がローマからアヴィニヨンに移り、法王が二人立つ教会分裂を起こして、双方で互いに異端呼ばわりをする泥仕合を続けた。

けれども、歴史上の正統と異端のボーダーラインの揺らぐそんな時こそ、逆に、超異端の地平がもっとも活性化する時なのだ。ジャンヌ・ダルクはまさにそういう時代の申し子であったわけだ。だからこそ、一国の歴史を動かすような活躍をしながら、一方では、異端の魔女としていったん火刑に処され、同時にヒロインとして愛され、聖女として崇められるという数奇な運命をたどった。他にもジャンヌのような女性が有名無名にたくさんいる。

中世の秋に燃え上がる紅葉のように、超異端の圧力釜の中では、カオスのエネルギーが沸々と音を立てていたのである。群衆の暗い熱狂に取り囲まれた十字架上の教祖や火刑台の聖女をじっと見つめていると、重々しい石造りのヨーロッパ文化の底に脈打つ正統と異端とのダイナミクスがきっと私たちにも見えてくるだろう。

キリスト教の聖人のシステムは、今に至るまで、このような「超異端」への呼びかけを続けている不思議なシステムである。とくに、中世においてはすでに社会的にも半分カオスの領域に振り分けられていた女性のうちのかなりの部分を、後に聖女とよんで正統の歴史に取り入れて今日に伝えることを可能にした。

ジャンヌ・ダルクが、単なるフランス史のヒロインとなっただけではなくて、カトリックの聖女にもなったことの意味は大きい。短期間で大きな足跡を残し、聖女として時空を超えた「現役」であるジャンヌ・ダルクは、いわば私たちが超異端の地平を見る窓である。ジャンヌ・ダルクの生と死に問いかけを発することは、単にヨーロッパの中世に新しい理解をもたらすだけではない。ジャンヌ・ダルクの発するメッセージが、超異端の混沌の中から、私たちの内面にすっぽりと入ってきて、時代や文化を超えた私たちの感性の深海をざわざわと波だたせるとしたら、世界はきっと新しい意味の扉を開くことだろう。その直感と期待とが、ジャンヌ・ダルクを今日的な大きな存在にしているのである。

ジャンヌ・ダルクをどうとらえなおすか

ジャンヌ・ダルクの生涯は、聖性や異端が、時代という名の運命のさじ加減でくるくる変わるだまし絵に似ている。けれども私たちは、ジャンヌ・ダルクのもつ魅力とパワーの本当の理由は、彼女が、中世に高まった超異端のカオスを体現しているところにあることを見てきた。ジャンヌ・ダルクは時代の要求する正統や異端の分類を超えた超歴史的な「神秘」や「謎」を抱えて今に伝えているからこそ、今なおフランス社会、フランス人に大きな影響力をもっているのだ。

この本では、ジャンヌ・ダルクの短いが波乱にとんだ生涯をたどりつつ、彼女の提出するいくつかの「謎」に迫り、その系譜をたどり、今なおヨーロッパ人の中で息づいている神秘の感性のルーツを探ってみよう。歴史物語にも、『聖女伝』にも収まりきれないジャンヌ・ダルクの送ってくるメッセージの意味を少しでもとらえてみたい。

ジャンヌ・ダルクという少女は、一五世紀の激動の時代を彗星のように横切っていった超異端の代表者である。実際、彼女のように、謎と矛盾に満ち、生前も死後も数奇な運命をたどった存在はめったにいない。彼女はたった一人で、いくつもの伝説やおとぎ話のテーマを提供する。そのさまざまなアスペクトを挙げてみよう。

魔女と聖女

ジャンヌ・ダルクは宗教家ではなくて神秘家だった。けれども神と直接に交信してそれを味わうというタイプではなく、神の意志をこの世で実現するという使命を確信していた。これが教会権威の気に入るわけはなく、異端者、魔女として弾劾され、火刑になった。

イエスの場合と同じように、彼女も実際は死を免れたという生存説があり、フランス王の義妹だという貴種流離譚もある。また、死後に復権して、二〇世紀には聖女にまでなったが、聖女崇敬につきもののアイテムである墓も聖骨、聖遺物もない。骨は灰になってセーヌへ流されてしまったからだ。

魔女と聖女の境界を生きたような型破りの女は他にもいるが、教会に公式に魔女と判断され、火刑にまでされて、さらにそれを正式に取り消されて聖女のタイトルまで獲得したというのは、この人しかいない。

ジャンヌの他に「名誉挽回」して聖人となった例は男性でも少ない。五世紀の末にローマ法王だったアタナシウス二世は分派に理解を示したことで名誉を剝奪《はくだつ》され、ダンテの『神曲』(「地獄篇」九‐四)の中で哀れにも地獄に堕とされているが、いつのまにか「聖」アタナシウスということになった。一三世紀のケレスティヌス五世はセレスタン修道会を創始した有名な隠者で、請われて法王になったもののすぐに辞任してしまい、後任のボニファティウス八世に陰謀を疑われて監禁されたが後に聖人になっている。この二人が、ジャンヌ・ダルクの運命を語る時に引かれる「名誉挽回の聖人」の例だ。

ジャンヌ・ダルクの場合は、単に評価が後世に変化したのではなく、生きていた当時からはじまって、長い間、魔女と見る人と聖女と見る人とが常に両方いた。異端や偽神秘家を見分けるマニュアルを書いた専門家である神学者ジャン・ジェルソンはジャンヌを支持していたし、ユルバン・シャルティエのように手紙の中でジャンヌのことを「王国の栄誉、百合の輝き、フランス人だけではなくてすべてのキリスト教徒の光、信仰」と呼んだ者もいる。ボシュエは懐疑的で、「(彼女は)神につかわされたと言っている」とのみ書いている。

実際、ルーアンの異端裁判でも、審理が進むうちに、罪の数が最初に挙げられた七〇から一二にまで減っていき、一二人の判事のうち九人は拷問に反対するなどむしろ好意的な態度を示した。そのうちの一人のジャン・アレぺは、「私の魂も、この女の魂のあるだろう高みにまで行きたいものだ」とさえ言っている。

アンドロギュノスの神話

ジャンヌ・ダルクはまた、戦士でもあった。神の名のもとに、おのれを空しくして戦場に向かったという点では、信仰とそれが生む力との関係を見せつけた十字軍の戦士の系譜に属するだろう。しかし、神と王とに対する絶対の忠誠と服従を旨として、戦場では勇猛果敢な突撃型だったという点では、一五世紀にはもう消滅しかかっていた騎士道の最後の体現者でもあったのだ。彼女は神の軍団のドン・キホーテだったといえる。けれども、当時すでに時代錯誤であったということを超えて、戦いの女神として、古代異教の神を兵士たちの心に喚起させるほどの勢いをもった。ジャンヌのこのイメージは、後にフランス革命では「戦うマリアンヌ像」に結集され、戦う女、勝利の女神のひとつの典型になっていく。

また、ジャンヌ・ダルクは戦士であるから男装をしていた。それがそもそもの異端の証明と教会への不服従として裁かれる主罪になったのだが、それは、戦う女というだけではなく、女性の男装ということ自体への倒錯的なファンタズムを生むことになった。これは一方で両性具有のアンドロギュノス神話につながっていく。

アンドロギュノスの神話は処女の神話へとつながる（プラトンの『饗宴』でアリストファネスが語る原初の中性人間を「おとめ」＝「男《お》女《とめ》」としたのは出隆《いでたかし》だ）。ジャンヌ・ダルクは神に身を捧げたがいわゆる修道女ではなかった。しかし在俗のまま神に対して処女誓願をしている。いわば宗教的には境界的なステイタスをもっていたわけだ。

当時、夫であるシャルル六世の弟と姦通していた王妃イザボー・ド・バヴィエール（ジャンヌ・ダルクが戴冠させたシャルル七世の母）のせいで国が滅びたという考え方があったが、これに対して、一人の処女が現れて国を救ってくれるだろうという予言があちこちに出てきた。処女は天使のように無性的な存在で、それ故に聖なる力をもっているとされたからだ。ジャンヌ自身もその役どころをはっきりと自覚していて、ジャンヌ・ダルクと名乗らずに「ジャンヌ・ラ・ピューセル（乙女ジャンヌ）」と自称していた。彼女の処女性は何度も検査の対象となったが、それは、魔女は悪魔と交わっているから処女ではあり得ないという判定の基準があったからでもある。

ジャンヌ・ダルクは、神秘家、名誉回復の聖女、処女、戦士、男装のアンドロギュノスという多くのモティーフを一人で抱えているわけだ。まさに、正統と異端とを塗り分けた教義の地平に投影される以前の、神と生の人間が出会う場所、聖なるものがひたすら過剰なるものとして渦巻く場所、救国の少女が異端者と呼ばれ、魔女が聖女になって飛び立つ場所、超異端の地平が生んだというのにふさわしい。そして、超異端の地平には時間軸がないから、ジャンヌ・ダルクは永遠にアクチュアルな挑発者として、私たちのファンタズムをいつまでも刺激し続ける。

ジャンヌをめぐる人々

次の章ではまず、一四―一五世紀の超異端の系譜から、ジャンヌとさまざまな共通点をもつ女性を二人とりあげて話をすすめることにしよう。繰り返し述べたようにジャンヌは決して孤立したあだ花ではなかった。

一四世紀の初めにはマルグリット・ポレートという修道女が、神との直接な交歓を高らかに謳いあげ、パリで火刑台に送られた。同じ世紀の後半には、やはり過激な信仰で有名なシエナのカタリナという在俗処女が、死刑囚の付き添いをするなどの突出した行動をとったが、この人はカトリック最大の聖女として称えられた。二人は正反対の運命をたどったが、実は、どちらも超異端の地平におけるジャンヌ・ダルクの先駆者だったのだ。

彼女らはいずれも見神者、ミスティックといわれる存在だ。けれども既成の教会を軽やかにしかし断固として超えることで超異端の戦士となった。二人の運命の差はそのまま、時代や社会が超異端にどう対応していくかという変化を物語っている。私たちは、まずこの二人の足跡をたどることで、次の世紀にジャンヌ・ダルクという謎の存在を生むに至る超異端というものの複合性をさぐり、超異端というエネルギーに対応する時代の方向性を検討してみよう。

第1章　ジャンヌ・ダルクの先駆者たち——カリスマと聖女

男性社会を動かす女性とはだれか

ジャンヌ・ダルクの生と死と、現在に至る影響とを理解するためには、彼女が生きた一五世紀のヨーロッパ・キリスト教社会において、女性のもっていた宗教的な役割というものを知る必要がある。ジャンヌ・ダルクが、一介の少女の身で、最大の男社会である教会や軍隊の先頭に立って歴史を動かしたという事実の背景には、それを可能にした女性のカリスマという伝統が存在した。

ローマ・カトリックというのは、一見したところ完全な男社会である。イエスが最後の晩餐の時にパンと葡萄《ぶどう》酒を弟子たちに分け与え、それをイエスの血と肉として記念するようにと言い残したのが聖餐式の起源である。キリスト教儀式の中心となるのは、ミサにおいてパンと葡萄酒を主の体として拝領することだ。信者はそれによってイエスと交わり、一つのパンを分かち合う兄弟たちと交わるということになっている。そこで普通のパンと葡萄酒を主の体と血とに変換させるための「聖別」という一種の神降ろしのセレモニーがある。パンやの葡萄酒を両手で掲げて、最後の晩餐の時のイエスの言葉を繰り返すのだ。この聖別を行うのが司祭であって、司祭は独身男性に限られる。

初期教会ではユダヤ人の共同体の中で家族をもつ長老が司祭をつとめたが、キリスト教が発展していくにつれて、非ユダヤ人を受け入れるか、イエスを神と同一視するかどうかなどの見解の相違によって、次々に分派が生まれた。その中で、ヨーロッパの母体となったローマ・カトリックは、司祭を独身の男性にのみ限るようになった。世界的に見ると、多くの宗教は、大地母神的な「母なる神」を信仰している地域が多く、神降ろしをしたり神のお告げを受けるシャーマンや巫女は女性であるという文化が少なくない。古代の地中海文化にも女神はたくさんいたのだが、キリスト教は、その母体であるユダヤ教や同系統の一神教であるイスラム教とともに、女性を宗教の表組織から排除してしまった。

そのせいで、ローマ・カトリックと強く結びついたヨーロッパの歴史の公式の部分には、女性はほとんど登場しない。女性が書かれた歴史に登場したり、政治に影響を与えたりするのは、常に、男性の権力者の妻や母という立場においてである。夫や息子である男性の権力者を抜きにしては女性が歴史の舞台で活躍することはほとんどないように見える。

ましてや後に「暗黒時代」と呼ばれた中世の歴史においては、女性が注目されることはほとんどなかった。けれども、ジャック・ル・ゴッフのような歴史家が現れて、民衆史に注目することによって、今まで看過されてきた女性の役割が評価されるようになった。決して歴史に名を残さない膨大な数の無名の女たちが、口伝で文化や生活の知恵を伝えてきたのだ。子供の教育を通して、あるいは民間療法やおとぎ話の伝承者として、女たちはそれぞれの時代を男たちよりも深く担っていたといってもいい。

ところが、これら無名の女たちの外に、はっきりと公式の歴史に影響を与え、男社会であるキリスト教の中で堂々とカリスマ性を発揮した女たちの系譜が実は存在し、また記録として残っている。それはどんな女たちでどこに記録が残っているのだろうか。

『聖女伝』

彼女らは、司祭の指導というような男社会の仲介なしで、神の声に直接耳を傾けるという女性たちだ。その言動が記録されているのは、女子修道院で手写されてきた書物であり、書簡集であり、『聖女伝』である。彼女たちはなるほど現世では公式の権力の座についたわけではない。それどころかその影響力の大きさ故に、著作を焚書されたり、異端者や魔女として火刑に処されたりすることさえあった。

しかし、ある者は、神との関係を綴った著作がロングセラーとして今も多くの人に読まれたり、聖女となって『聖女伝』の中で広く読み継がれたり、苦しむ人の祈りに応えて死後も奇跡を起こし続けると信じられて、今なお崇敬の対象になったりしている。多くの『聖女伝』は『聖人伝』と並んで、実は、中世と近世を通じてヨーロッパでもっとも広く読まれた文学だ。けれどもルネサンスや宗教改革などを経て、精神史や文学史の表面からは姿を隠してしまった。私たちは、『聖女伝』や修道女の書いたロングセラーを発見することで、彼女らを発見することができるのだ。

ジャンヌ・ダルクは確かにこういう女性たちの系譜に属している。彼女らの特徴は、「権力者の妻や母」たちではないところにある。彼女らは「権力者」どころか、絶対者である「神」に直接身を捧げることによって、カリスマ性を獲得した。彼女らの多くが、「イエスの花嫁」というステイタスをもつ修道女であったり、また、在俗でありながら、神に処女を捧げるという処女誓願をしていた。男の司祭が独身誓願をして「神降ろし」を許されたように、女たちは、家庭人として民衆文化を支えるかわりに、処女誓願をして神と結びつくことで、時として歴史の表舞台に躍り出ることを許されたというわけだ。その彼方には、聖母でありながら聖処女とよばれるマリアへの崇敬や、古代の巫女たちの記憶が息づいているのだ。

言い換えると、修道女になる、あるいは神の前で処女誓願をすることが、中世において女性がカリスマとして君臨するためのパスポートとなったのである。妻として母として社会に組み込まれている限り、女たちは裏方としてしか社会を動かすことができなかった。妻や母という立場を捨てることで、彼女らは、自由と力とを獲得したのだ。

中世においてそんな自由と表現力がピークになった時代があった。それが、俗に「中世の秋」といわれる一四―一五世紀のことである。ジャンヌ・ダルクは実はいわばそのピークに現れたのである。彼女の登場を準備したのが、最近になって再発見、再評価されつつある一四世紀の女性神秘家たちの流れである。ここではマルグリット・ポレートという女性とシエナの聖女カタリナについて触れてみよう。マルグリット・ポレートは、ジャンヌ・ダルクのように火刑台の上で死んだ。聖女カタリナは、その過剰な神秘的言動にもかかわらずカトリック世界最大の聖女の一人に数えられている。

神との交歓

男たちが吟遊詩や騎士物語で女性賛歌を謳いあげた中世にも、普通の女たちには一般的に愛の表現は許されていなかった。ところが女性たちが愛と生命力とを傾けて自由に自己表現する場が存在した。この時代に発達した女子修道院である。その中では愛や情熱は、もっぱら女たちと神との交歓という形で表現された。それが個人が宗教上の一定の手続きを経ずに直接神と交信するというキリスト教神秘主義のひとつの形である。

ジャンヌ・ダルクは修道女ではなかったが、彼女を花開かせ冒険に駆り立てた「天の声」は、数世紀にわたってキリスト教神秘主義の底流としてはっきりと意識され、伝えられてきたこのような伝統に、ぴったりと重なっている。その水脈が、修道院の壁を越えて最初に社会的に大きな影響をもつようになったのが、一三世紀以後の女子ベギン会の活躍である。

ベギン会運動

マルグリット・ポレートは自分のことを「さすらいのベギーヌ」と呼んでいた。

ベギーヌというのは、ベギン会という女子修道会に属する者のことだ。ベギン会は、禁域で終身暮らす閉鎖的な修道院と違って、聖職者の指導を受けているものの、基本的には在俗に近い緩やかなコミュニティである。持参金がなければ結婚もできず修道院にも入れない時代に、資産のない独身の女性の修道女志願が急増したことに応えて、一三世紀に生まれた。普通の修道院では清貧、貞潔、服従と、一所定住の終身誓願があるがベギン会にはそれがない。女性が終身誓願なしのコミュニティという形で暮らせる可能性をもったということは、ひとつの自由の獲得でもあった。もとは働くことの不可能な独身貴族女性の互助組織の意味あいがあったけれど、やがて、貧しくて資産もなく病弱で働けない女性たちや夫に捨てられた女性たちの駆け込み場所としても発展していったので、後には階級闘争の先駆けであったと評価されたこともあった。

ベギン会運動は、一三世紀頃からドイツ、フランドル、フランス北東部を中心に、男女ともに盛んになった。これに対抗できるのは、北イタリアから広まったフランシスコ会の勢いくらいのものだった。女性のベギン会の方が男性のベギン会よりも盛んとなった理由のひとつは、戦争や飢饉などの生き残りが女性の方に多く、女性の独身者の数が男性を凌いでいた

『素直な魂の鏡』は、一四世紀の初め、北フランスのヴァランシエンヌの広場で焼かれた。この本はマルグリット・ポレートの唱える「純粋愛」の教義を広めるものだとされたのである。その教えによると、この世界は普遍の調和を目指す一つの力の不完全な創造であり、性愛を洗練させることによって生きられる愛の関係によってのみ、人は権力や善悪や罪障のない原初の楽園に帰り至ることができる。全き愛の情熱は無原罪の完全な状態と重なり合うからだ。

『素直な魂の鏡』の内容は断罪され、著者であるマルグリット・ポレートもあらためて自説の放棄を迫られた。

裁判を受けた時の彼女は、もうすでに現世的な「成功」を遂げていたのだから、あえて牢獄に入ったり処刑されたりするような目にあわぬように、罪を認めて余生を静かに送るという選択も可能だった。それなのに、最後まで自分の説を貫き、パリの現在の市役所広場で、異端者として火刑に処せられた。彼女はもともと権力や名誉を求めたのではなく、神への愛を表現することを使命としていたからだ。

キエティスムの流れ

聖なるものとの関係にだけ没頭しようという神秘主義的、瞑想的な運動というのは、現実に動いている社会の仕組みに対応、参加することを放棄するという点で、反社会的にならざるを得ない。だからこそ、キリスト教史上に何度もあらわれては、その都度弾劾された。古くはエッセネ派やグノーシス主義もそうだった。その影響は根強い。砂漠の隠者たちはこの世界を悪として背を向ける二元論的な宇宙観こそ否定したが、自己を無に帰して神に身をまかせようという伝統を伝えた。ところが、公式教会はいったいに、この自己放棄の他力本願的な態度を嫌った。宗教者のあるべき姿は、福音を伝え述べ、他者を救うためにさまざまな活動をすることなのだから、祈りと瞑想三昧の生活だけを目指すような者は、異端視されるか、修道院に隔離されるかであった。一世を風靡《ふうび》した托鉢修道会などさえ、非生産的な怠け者の集団だと非難されることがあった。

神秘主義運動の中には、実際にはっきりと既成教会に反する動きもあった。マルグリットの同時代にも、自ら「邪教徒」と称するウォーター・ロラードという男が出て、一三一五年にイエスのように一二人の弟子を連れてドイツ、ボヘミア、オーストリアをめぐって秘蹟（洗礼や聖体拝受など）の不要その他の説を唱えてまわった。ロラードは一三二二年にケルンで火刑に処せられている。彼などは、神と個人との関わりを重視する、いわばプロテスタンティズムの先駆者のような一面ももっていたのだろう。フランドルに大きな影響を与え、ベギン会の自由で過激な女性たちの間では、神にひたすら沈潜するキエティスム（静寂主義）の傾向に拍車がかかった。

このキエティスムと呼ばれる流れは、一七世紀のフランスで再発して、当時の大神学者フエヌロンとボシュエの大論争が展開された。『素直な魂の鏡』もあちこち改竄《かいざん》されながら、一種の絶対他力主義であるキエティスムのマニュアルとして脚光を浴びたようだ。キエティスム的な考え方では、心や体が自分で何をしたところで、神のまったき意志が実現される妨げにしかならない。逆に心と体を絶対の不活動状態におくことで、ようやくその本質たる神性が発揮される。

これでは教会や典礼や徳行の奨励なども無意味となってしまう。実際、キエティスムを口実にして教会への義務を果たさずに放蕩に走った者もいたようで、体制に取り締まられるのは当然の成り行きだった。しかし、キエティスムを信念として生き抜いた者ももちろんいた。フェヌロンは弾劾されてキエティスムを放棄したが、同時に糾弾されたマダム・ギヨンの方は、投獄されても追放されても自説を貫いた。

女性がひとたび確信犯となると、時局に計らい、右顧左眄《うこさべん》して保身のスタンスを測ってたえず揺らぐ男たちよりも、ずっと自信に満ちて過激であるケースが多いようなのはなぜだろうか。社会的には非生産的で疎外されればされるほど、内なるボルテージはいや増すのか、権力機構にとっては静かな存在どころか危険な爆弾にも等しい存在として現れてくるのだ。マルグリット・ポレートの場合も、まさにそうだった。

男と女の採った道

マルグリットも、一人ではなく、彼女のシンパであったギアール・クレソネサールというベギン会修道士と同時に裁判にかけられている。

クレソネサールは、マルグリットを「援《たす》け、擁護した」という理由で、異端審問官ギヨームによって一三〇八年の末にパリで逮捕された。クレソネサールは、すでに何度も異端の疑いをかけられていたマルグリットを公開の場で支持したことがあったからだ。当時の異端審問では、容疑者は出廷するまでに最長一年半の考慮期間を与えられていたが、クレソネサールはそれをぎりぎりまで使って態度を保留した。

一三一〇年になって、ギヨームは、パリ大学の神学者と教会法学者を集め、マルグリットとクレソネサールについての審議を始めた。結局、二人とも異端であり、世俗の法廷に引き渡されるという判決が下された。これは、宗教裁判には刑を執行するための行政権がなかったからで、世俗の法廷にまわされるというのは「実刑に処する」というのと同義である。ただし、宗教法廷で公に悔悛すれば死刑を免れて終身刑に軽減される道が残された。

クレソネサールはただちに自説の非を認めて宣誓した。マルグリットも一時は逡巡したが、火刑になることを承知で、自説を固持することを選んだ。男と女の採った道は二手に分かれたのだ。

クレソネサールはヨアキム・ド・フロール（一一四〇―一二〇二年）の至福千年説を継承

して、自分を「フィラデルフィアの天使」と称していた。これは新約聖書の『ヨハネ黙示録』（三―七）の言葉だ。黙示録に基づいた諸説というのは、最後の審判までに新しい指導者を戴く何段階かの時代の変化があると想定することから、現状維持、体制維持を望む教会権力からずっと警戒されてきた。それなのにヨアキム・ド・フロールは、あえて黙示録を解読し、試練の時代は終わって、一二六〇年から聖人、聖霊の時代に入るのだと唱え、この説は異端とされた。実際に一二六〇年になると、世俗権力を必要としない時代が到来したと唱える僧も出て、火刑台に送られた。クレソネサールはそういう新時代の新しい使徒であるとの使命感をもっていたようで、信奉する弟子もいたようだが、実際に権力に死罪をつきつけられるとあっさり屈したわけである。

マルグリットの方は自分の書いたものに忠実だった。『素直な魂の鏡』の中で、「魂は自分で望むのでなければ、また自分にふさわしい者にでなければ、何者にも答えはしない。貴族が平民に呼ばれたり戦ってくれと頼まれても応じはしないのと同じことだ。だからこの魂をいくら呼んでも見つかりはしないし、敵は答えを聞くことがないだろう」と「自由な魂」の境地を描いたそのままに神に向かい合うマルグリットが、この世の権力による脅迫など耳を貸すはずもなかった。

小さな教会と大きな教会

マルグリットも、やはりヨアキム・ド・フロールの伝統にのっとって、権力を代表する教会を「小さな教会」と呼んでいた。「小さな教会」は最後の審判の後でその使命を終えて消えてゆくべきものである。

もともと、この世にある教会は仮のもので、いつかは「天の教会」の時代がやって来るというのがキリスト教の考え方のベースにあった。この世の教会は、聖霊によって導かれているとはいえ、原罪のために堕落した人間によって構成されているものにすぎない。最後の審判を待つ間、とりあえずイエスの手足となりイエスを真似て、人類の完成と救済に向かって努力する「旅する教会」だといわれている。といっても現実のこの世界ではこの教会が絶対権威なのだから、一介の信者に「小さな教会」などと言ってもらっては、秩序の維持ができない。しかも、「小さな教会」を軽視して、「天の教会＝大きな教会」に直接従おうと提唱されるのでは、ますます都合がよくないのも当然だ。

まして、最後の審判の後に想定される「大きな教会」というものが、「小さな教会」が発展的に解消したときの姿であり、または止揚されて後に現れるものであるというのならまだしも、「小さな教会」の他にレベルの高い「大きな教会」がすでに併存しているという考えは、絶対に許すことができない。

「ヨハネの宗教」

実は、この「二つの教会の併存」というのは、顕教と密教との関係のようなもので、ひとつの宗教の流れには必ずついてまわるものである。つまり、誰にでもわかりやすい言葉で語られた初歩的な教義の他に、研究や修行を積んだ信者にのみ初めて明かされる奥義のようなものがあるという関係だ。キリスト教も例外ではなく、民衆に語った言葉の他に、イエスが十二使徒にのみ明かした奥義があるのだという言い伝えは、初期の頃からついてまわった。

それを前提として、福音書にはすべて二重の意味があるということで、その裏の意味（高次の教え）を解読しようという試みも古くからあった。その伝統の中では、公式には排斥されたグノーシス主義や、ギリシャ・ローマの異教から、その源流だとされるエジプトの秘教などまでが混淆《こんこう》されて福音書の秘教的解釈が自由に試みられた。ヘブライのカバラ学もキリスト教に応用されていく。

特に、新約聖書の中でも『ヨハネ黙示録』は、象徴的表現が多用されていてわかりにくい。ところが、中に出てくる数字などがヘブライ語で考えると明らかになることなどから、ギリシャ語で書かれた新約聖書の他の部分と違って最初はヘブライ語で書かれたのではないかともいわれた。つまり、顕教のテキストに密教のテキストが混じっているというわけだ。これらのことにより、キリスト教には、「ペトロの宗教」（使徒ペトロは初代ローマ法王だ）と「ヨハネの宗教」とがあるとされ、呼び分けられることもあった。

この「ヨハネの宗教」の信徒がオカルト的に秘密集団をなしている限りはかまわないが、「ペトロの宗教」を否定する形で民衆を指導するようになると、たちまち権力者たちから異端としておさえつけられるという事態が起こるわけである。

公式の「ペトロの宗教」が「小さな教会」に相当している。そして秘教的な「ヨハネの宗教」は、時として、それよりも高次である「大きな教会」に属するものだと解釈されたのだ。「大きな教会」は、現実の「小さな教会」の制約を受けずに個人が自由な宗教感情を表明する時の口実としても使われたわけである。「ヨハネの宗教＝大きな教会」は神秘主義者の温床となり、キリスト教オカルティズムの拠り所ともなった。

「魂」と「愛」

マルグリット・ポレートが拠って立ったのも、この「大きな教会」だ。「大きな教会」は「自由な魂」たちのものだと彼女は言う。イエスは「わたしの言葉のうちに留まる者はわたしの弟子であり、真理を知るであろう、真理はあなたがたを自由にするであろう」と言った（『ヨハネによる福音書』八－三一～三二）。「自由な魂」とはイエスの教えの奥義を理解した者たちで、その境地にあってはもうこの世の「小さな教会」は必要ではない。マルグリットはそのような「魂の解放」を目指したのだ。その方法論が彼女の『素直な魂の鏡』の核である。魂をどんどん単純にして、愛によって神の中に無化していくことで、神の中で変身をとげる。それは、あたかも鏡の向こうの何かに見とれて、我を忘れてその何かに自分をただ映していているうちに、こちら側と向こう側との区別がつかなくなるようにだという。

『素直な魂の鏡』のテキストは、シナリオ風になっていて、「魂」と「愛＝貴婦人（神）」を中心に、「理性」や「悟性」、「礼儀」などが擬人化して語られている。たとえば、「愛」は「魂」についてこう語る。

「私は神である。なぜなら愛は神であり、神は愛であるからだ。そしてこの『魂』は愛という条件によって神であり得る。私は神性によって神であるが、この魂は、愛の正義によって神となる。なぜならこの大切な友（＝魂）は、自らの意志によってではなく、私によって教えられ、導かれ、私の中で変身するからだ」。

「愛」と「魂」とは、愛する者と愛される者との同じ望みによって結ばれる。ふたつは火と炎のようになるのだ。「魂」は、「ああ、とても優しく清らかで聖なる『愛』よ、私が自分自身よりももっと愛しているものの中で変成するということは、何という甘美な変成なのでしょう。私はあまりにも変化してしまったので、多くは愛せないはずのこの私が、愛するために自分の名すら失ってしまった。私は『愛』しか愛せないので、『愛』の中で私は変わってしまった」と述べる。河が海へ注いで消えてゆくように、「魂」はその個のアイデンティティを失って、「愛」によって、「愛」の中に、生まれ変わるのだ。その愛は無我、無私、無償の愛であって、見返りを期待するようなものであってはならない。無償の愛こそ高貴な姿であり、遠くて近い神のもとに身を空しくして近づく道なのである。これは吟遊詩人たちの歌った騎士物語のプラトニックな愛の道とよく似ている。

マルグリットは、理性をはじめとする「徳性」とは、「聖性」の母であるという。そしてその「徳性」の母は「謙虚」であり、「謙虚」の母は「神性」だ。言い換えると、もっとも根本にあるべきことは、身を小さくして、空しくすることである。その「謙虚」から、初めて魂は理性をふくむ「徳性」を獲得し、さらにそこからようやく「聖性」が生まれるのだ。

つまり聖人を目指す者はまず謙虚を身につけなくてはならない。しかしその謙虚は教会権力に対する服従などとは関係がない。身を空しくすることとは、他に何ものをも求めずひたすら鏡に見入ることであり、個別の考えや規則を捨て去ることでもある。

このようなマルグリット・ポレートの方法論の中では、公式教会の教義や神学や典礼は無視されている。マルグリットが異端として糾弾された最大の理由はまさにその点だった。「創造主を凝視して無我の境地に入った女にはどんなことでも許される」と説いてグノーシス主義の忌まわしさを復活したと、弾劾されたのである。

『素直な魂の鏡』とその作者は、二一名の合議による審理の後、全員一致で異端宣告を受けた。翌日、もう若くないマルグリット・ポレートは、広場に引き出されて、火刑に処せられた。物見高いパリの群衆が遠巻きにする中で、彼女の著作の羊皮紙が焼ける匂いと煙がたちこめ、マルグリットはそれでも「自由な魂」の優越を確信し続けながら少しずつ焼かれた。

『素直な魂の鏡』の運命

異端の禁書となった『素直な魂の鏡』は、マルグリットの死の翌年から始まった公会議でエックハルトの著作などと共に改めて異端と宣告された。つまり個々の異端審問の枠を超えて、全カトリック世界で禁じられたということだ。それは、その頃の北ヨーロッパで高まりつつあった「自由な魂」の無教会的な運動全般を断罪するためでもあった。この決定のせいで、『素直な魂の鏡』はその後、ルネサンスに至るまで、繰り返し繰り返し、ヨーロッパ中の異端審問官によって没収され続けた。

このことは、逆に、この本がいかに普及していたかを物語る。いや、この本は一四—一五世紀の精神風景の拠り所になったといっても過言ではなかった。中世に俗語で書かれた神秘主義の著作のうちで、もっとも広く読まれたものだったといっていい。事実、禁書を公衆の面前で焼くというセレモニーでは、書物への執着から、また実際の需要があるという経済的な理由から、本物ではなくて、ダミーが焼かれるといった例が実際はかなりあったようで、マルグリットの場合もそうだったらしい。彼女の著書は商業的価値があったからこそ生き残ったのだろう。こうして、禁書、焚書の処置を乗り越えて今なお残る写本は、中世フランス語、中世イタリア語、中世英語にラテン語などのヴァージョンが全部で一五部ほどある（ドイツ語版も存在していたが残っていない）。

そもそもエックハルトに端を発してベギン会に花開いたライン＝フランドル神秘主義が一括して弾劾されたのは、その著作が、ラテン語以外の言語（俗語）で書かれて一般に普及したからだった。教会は、「神の言葉」の唯一絶対の翻訳機械、通訳機関でなくてはならなかった。さらに言えば、神の言葉を翻訳するのはラテン語でなくてはならず、ラテン語こそは聖職者（＝男）のモノポールであったのだ。

といっても、しかし、『素直な魂の鏡』がこのように読み継がれてきたということの背景には、有力者の中にそれを支持する者がいたという事実がある。

一四世紀末から一五世紀の初めにパリ大学に属し、「神秘体験」のうち詐欺や妄想と真性なものとを分けるマニュアルを書いた異端問題の権威ジャン・ジェルソンは、この書の繊細さを認めたうえで、一般読者には誤解される恐れがあると付け加えた。その一世紀後には、フランソワ一世の姉でナヴァール王妃マルグリットが、オルレアンの修道院に一部残っていたフランス語の写本を読み、聖書の志を継ぐ本の一つだといって絶賛した。『素直な魂の鏡』は「炎と慈悲に満ち、熱烈に、最初から最後まで愛にのみ根拠をおいている」と書いたこのナヴァール王妃は、自らも、『エプタメロン』などを残した詩人であり、ルネサンスのユマニスムと宗教神秘主義の「体制からの自由」とを結びつけて、パリ大学から批判されている。『素直な魂の鏡』は、こうした自由に羽ばたく精神にとっての先駆的存在であったということだろう。

その後、『素直な魂の鏡』は、一時歴史から姿を消したかに見えた。やがて、一八六七年にウィーン写本が発見された時には、福女（聖女に準ずる）であるハンガリーのマルグリットの作であろうと推定された。その後も読み続けられていたが、一九四六年になってようやく、再発見されたマルグリット・ポレートという異端者と結びつけられたのだ。聖女の作どころか異端者の手による禁書であったと判明したのである。

著書は著者を超えて生き延びた。『素直な魂の鏡』は、禁書であることがわかったからといって葬られることもなく、今でも、ビンゲンのヒルデガルトやアッシジのクララ、シエナのカタリナといった堂々たる聖女たちの著作と並べられて版を重ねている。マルグリット・ポレート自身は、ジャンヌ・ダルクのような劇的な復権をとげて聖女に昇格することはなかった。けれどもその作品は、二〇世紀末の、宗教への回帰といわれる時代に、見事に復活し、輝きを増し、なお燃え盛るパワーを見せているのだ。

このことは、中世のカリスマであったマルグリット・ポレートの著作を歴史の水脈下で延々と生かし続け、現代に復活させるだけの神秘主義への嗜好をヨーロッパが失わなかったということを示している。神秘主義は自由な魂による権力への挑戦だった。そして、ヒエラルキーを無視した女性たちのカリスマを権力がいかに断罪しようと、民衆の中には、彼女らのメッセージに共鳴し語り伝えるだけの自由な精神が潜んでいたのだ。この精神の中でジャンヌ・ダルクは生まれ、彼女のカリスマを信じた人たちが生まれたのである。

シエナの聖女カタリナ

一四世紀半ば、イタリアのシエナにカタリナという未来の聖女が生まれた。この人も、在俗で処女誓願をした半修道女という点でベギン会のマルグリット・ポレートと同じような曖昧で自由な立場にあった。在俗の処女というのは、教会にも認められたステイタスであって、女性が、結婚を強要されずに、しかも修道院に閉じ込められることもなく自由に生きることができる、数少ない道だった。カタリナもまた神秘体験を語る神秘家であったが、マルグリット・ポレートと違って、時の政治状況に積極的に首をつっこんで、具体的に権力者に陳情したり諫《いさ》めたりという活動をなした。カタリナもまたカリスマ性のある人で、それ故に、暗黙のうちに巫女のような力をふるった。

マルグリット・ポレートと違うところは、教会に対しては穏健な態度を保ったので、断罪されずにすみ、権力者たちも彼女のカリスマに本気で感服したり、利用したりしたところだろう。カタリナもロングセラーとなる著作を残すが、マルグリットのように火刑に処せられるどころか聖女のタイトルを得た。中世のヨーロッパで女性が真にメジャーになれるという模範を示したのだ。彼女の生涯は『聖女伝』によって繰り返し語り継がれて、民衆の心性に、「女性の英雄」を待ち、畏れ、受け入れるという土壌を用意した。

一五世紀のジャンヌ・ダルクはまさにそういう土壌に生まれたわけだが、いったんはカタリナのような政治上の栄光を手に入れながら、マルグリット・ポレートのように火刑に処せられてしまった。しかし、また政治の状況が変わり、ヒロインとしてよみがえる。その時には当然のように宗教的にも正式な復権が必要とされた。そのうえに五世紀も後になってカタリナと同様に聖女の列に加えられるという運命の極端な変化をたどった。歴史の時間軸を越えて天と地を結ぶとされるカトリックの聖人システムのおかげで、ジャンヌ・ダルクも、神秘を愛する民衆感情にぴったりはまる地位を与えられたのだ。

それにしても宗教裁判でいったん異端者として処刑された者が、同じ公式教会の枠組みの中で聖女になれるというのは、部外者には不思議に思える。これはカトリック教会が、政治がらみで無理やり方針を変えたというわけではない。「処刑された者にこそ聖性を付与する」という神秘神学独特の長く深い伝統がその基盤にあるのである。

それは、救世主であるイエス自身が異端者として刑死した後で復活したという根本教義にも関わるし、キリスト教の初期に処刑されたおびただしい数の殉教者の死と栄光の歴史にも関わっている。刑死者に対するこのような両義的な感覚を抜きにしては、火刑にされた聖女というジャンヌ・ダルクのようなケースも生まれ得なかっただろう。シエナの聖女カタリナは、そんな刑死と刑死人に対する思い入れを隠さぬばかりか、死刑囚との密度の高い交歓を繰り広げた。それによって、後にジャンヌ・ダルクの列聖を可能にした「処刑の聖性」をヨーロッパの精神史に刻印した。その意味では、ジャンヌ・ダルクの先駆者としてのカタリナは二重の重要性をもっている。

奇跡の聖女

中世最大の神秘家かつ精力的な外交官であったシエナの聖女カタリナは、死刑囚を愛することにおいて強烈な前例を残した。この人は、後にこそ、聖女になったばかりか教会博士の称号まで得たが、生前は、脱魂状態になって硬直したり超常的な断食を続けたりして、とかく噂の的となり、聖女どころか悪魔憑きではないか、魔女ではないかと疑われた。

聖人や聖女の多くは、先行する聖人や聖女の生き方の跡をたどる。その先頭にイエスとマリアがいる。だから、カタリナの一生も、ある意味で、この手の聖女の典型的なものだった。カタリナは、一三四七年の三月二五日、イタリアのトスカナ共和国内の豊かな要塞都市シエナの染色業者の娘として生まれた。母はすでに二二人の子をなし、カタリナと同時に生まれた双子の妹はやがて亡くなり、その後に生まれた妹も早世したので、カタリナは末っ子として大事に育てられた。

町にはドミニコ会の修道士が多くいたようで、カタリナは早くから、霊的なことに興味を示すようになった。五歳で天使祝詞（アヴェ・マリアの祈り）を完全に暗唱して、家の階段を上り下りする度に一段毎に跪《ひざまず》いて祈ったという。各種の聖人物語を耳にする機会も多く、幼いカタリナは、男装して生家を抜け出して男子修道院に身を隠したという聖女の話にロマネスクな熱い血をかきたてられた。

六歳になり、結婚している姉のところから帰る途中、夕暮れの谷間で、カタリナは最初の超常的な体験をする。町の教会の上方に、聖職者の服を着て法王の冠を戴き玉座に座っている救世主の姿が現れるのを見たのだ。その傍らには使徒ペトロやパウロ、洗礼者ヨハネが控えていた。キリストはほほ笑み、カタリナの方に手を伸ばして十字を切って祝福した。少女は甘美な優しさに包まれた。この時以来自分の生き方が決まったとカタリナは後に述べている。

カタリナはドミニコ会の創始者である聖ドミニコの伝記や、東方の荒野の聖人の伝記を繰り返し聞かせてもらうのが好きだった。洞窟に閉じこもって苦行する隠者の話はカタリナの想像力を刺激した。自分もこっそりと肉を食べないなどの戒律を課した。七歳ですでに出家隠遁に憧れて家出を試みた。洞窟に入って跪いて祈っていると、体が浮き上がり、最初の空中浮揚を体験した。しかし、カタリナの隠遁を望んではいないという神の意志を感じて、家に帰らせてくださいと祈った。すると再び宙に浮揚したような感覚があり、気がつくと町の門の前にいた。最初の瞬間移動だった。

まもなく、一生独身でイエスに仕えるという処女誓願をひそかに決意し、聖母に向かって一人で儀式を行った。幼いとはいえ、少女が年より早く成熟する中世の南ヨーロッパのことだ。カタリナは自分のしていることを理解していた。

一二歳で年頃となったカタリナは、白い肌に黒髪の魅力的な娘になった。結婚を勧めた両親は、初めて娘の処女誓願の事実を知った。彼らはドミニコ会士に相談し、カタリナは髪を切りヴェールを被ることで世間の誘惑を遠ざけることになった。ドミニコ会には第三会というのがあって、修道院に入らず在俗のまま宗教活動に従事できるシステムがあった。黒いマントを着て施しをしたり病人の世話をしたりする女性たちのグループがあって、カタリナの叔母や義姉にもそういう活動をしている者がいた。カタリナはそれに憧れながらさらに徹底的な信仰生活を望んでいた。

やがて両親の理解も得て、カタリナは実家の一室に閉じこもり、苦行と祈り三昧の生活に入るようになった。体に鎖をまきつけたり、日に三回も自分で肩を鞭打ったり、野菜のみの極端な小食、二日に三〇分のわずかな眠りなど、多くの聖人伝の語るような苦行をかたはしから実行した（彼女が実行しなかったのは、聖人たちが傲慢の罪を克服するために行った蚤《のみ》や虱《しらみ》などとの共生だけで、この点ではカタリナは潔癖なくらいに清潔さを保った。彼女の苦行はもっぱら疲労と痛みに集中したようだ）。

カタリナはイエスの声をしばしば耳にするようになった。さまざまなヴィジョンも見たが、悪魔の見せる幻覚にも悩まされ、聖なるものと悪魔の仕業とを見分けるための訓練も自分で工夫しなくてはならなかった。こうして一九歳の時、ようやく正式に、ドミニコ会第三会の白い衣装とヴェール、黒いマントを身につけることを許された。

この姿で家を出て毎日ドミニコ会のチャペルのミサに行くカタリナは、すでに人々の噂の的だった。祈りながら、または聖体パンを口にしたとたん昏倒したり、硬直したりして、ミサが終わってもチャペルから出られなかった。ある時は体が燃えるように熱く、ある時は氷のように冷たく無感覚になった。跪いたまま床から浮き上がっているところも目撃された。ドミニコ会士や司祭の中にも、カタリナのこのような様子をスタンドプレーをしていると非難する者が出てきた。

彼女が修道院に閉じこもらずに、処女誓願をした在俗の処女という境界的な立場にとどまっていたことが、そもそも、社会的に警戒され偏見をもたれる理由だった（そのステイタスはジャンヌ・ダルクも同様だった。社会活動型の女子修道会ができはじめるのは一七世紀以降である）。

そのうち、透視、読心などの能力も現れたが、これももっぱら悪魔の仕業だと噂された。貧しい病人のところに通っては献身的に看病したが、その熱心さは病人からさえもいぶかしがられて、尽くせば尽くすほど、逆に、聖女ぶった偽善者だと憎まれることすらあった。

カタリナはこのような非難や批判にもめげなかった。やがて、周りに少しずつ信奉者が集まってきた。聴聞僧も彼女を尊敬しはじめて、他の修道士を紹介し、若い男たちがサークルをつくるようになった。彼らはカタリナを「霊の母」と慕い、カタリナも、花で編んだ十字架をプレゼントするなどの親愛を示した。男たちはカタリナを女性として意識することはな

シエナの聖女カタリナの神秘のコミュニオン（レオン・ブヌヴィル画、ルーヴル美術館蔵）

かったと後に証言しているが、当時はすでにカタリナを囲むグループは人々のスキャンダルの種になっていた。修道士ばかりか、若い貴族のインテリたちまでも、すすんでカタリナの弟子と称して一種のサロンを形成した。

一方、カタリナのイエスとの交歓は倒錯すれすれの官能的なものになっていった。ヴィジョンも、受難の傷をあらわにしたイエスが右腕をカタリナの首に回して自分の脇の傷におしつけ、「さあ、娘よ、わたしの血を飲みなさい。魂をいっぱいにする甘美さを味わうがいい」などというものや、イエスがカタリナの胸を開いて心臓を取り出すというようにエスカレートしていった。

二四歳頃には、聖体拝領以外には食べ物も飲み物も受けつけなくなってしまった。悪魔の仕業か虚栄の行為だと責められたがどうにもならなかった。アウグスティヌス会とフランシスコ会という他派の神学者による審問も受けさせられたが、彼らにも決定的な非は証明できず、逆にカタリナに魅せられてしまった。

シエナにペストが流行った時には、病院を駆けずり回って看病に努めた。祈りで神にとりなしを頼んで、多くの奇跡もなした。神のお告げを受けて、法王や高位聖職者に批判やアドヴァイスの手紙を書いた。法王がローマを離れて南仏のアヴィニヨンにいた頃のことで、カトリック界の不安定な状況の時代に、カタリナは派閥やヒエラルキーを超えたカリスマとして八面六臂《はちめんろっぴ》の活躍をするようになったのである。

死刑囚との交歓

そんなカタリナの精力的な活動の中でも特異であったのは、死刑囚に対するこだわり方だった。

当時の刑罰にはいわゆる懲役というものはなく、死罪、罰金、鞭打ち、追放などの懲罰が決まるまで囚人は牢獄に繋がれたが、その悔悛のために司祭や宗教関係者は自由な出入りを許されていた。ある時、ニコロ・ディ・トルドという若い貴族の男がブルジョワを侮辱した罪で斬首刑に処せられることになった。彼は、もうずっと懺悔《ざんげ》もしなければ聖体拝領をしたこともなかった。自分の不当な運命に腹を立てていたので、司祭による悔悛の勧めなど受けつけなかった。不当に殺されることが神の意志ならば、そんなものに身を委ねることは我慢ができなかった。

カタリナはそんな囚人のもとをたずねた。そして、「愛と優しさによって流れる血を見なくてはならない」と説得してしまったのだ。男の悔悛はカタリナを歓びの絶頂へ舞い上げた。「彼はすぐに強くなり、懺悔をすませ、神の愛のために、死刑の日にそばにいてくれるようにと私に頼みました。私は約束しました。早朝、鐘の鳴る前に、独房に入って行きますと、彼はおおいに慰められたようでした。私はミサに付き添い、彼は聖体を拝受しました」。「『そばにいてください、離れないでください、しっかりと幸せに死んでゆきます』と彼は言って頭を私の胸に圧《お》し当てました。私の心は喜びでいっぱいになり、まるで彼の血の匂いが、私の愛する夫イエスのために流したいと熱望している私自身の血の匂いと混ざっていくように思えました。この思いがどんどん強くなり、彼が怖がっているのに気づいて、『元気を出して、大切な人、もうすぐ私たちは永遠の婚礼に向かうのですよ。あなたは神の子が流した血の中で洗われ、心のうちにいつまでもイエスの甘い名を抱いていらっしゃい、私は刑場で待っています』と言いました」。

カタリナは死刑台に上り、周りの群衆も目に入らずにただ祈った。そしてその細い首をそっと首切り台の上に乗せてもみた。やがてニコロが小羊のように静かに連れられてきた。カタリナを見てほほ笑み、十字を切ってほしいとねだった。「さあ、永遠の婚礼に行きましょう。決して終わりのない生の中で歓び合いましょう」とカタリナは囁《ささや》く。優しい手でニコロのうなじをあらわにし、彼が首切り台に首を乗せたときには、すぐ脇に跪いた。ニコロは「イエス、カタリナ」とつぶやき、その頭が、カタリナの両手にずっしりと落ちた。

カタリナはイエスのヴィジョンがくっきりと現れるのを見た。イエスはニコロの血を受けにきたのだ。その脇腹の傷は裂けて開いており、その血の中にニコロの血が流れていった。「ニコロの血の中には、神の恵みによって魂からわき出た聖なる欲望の炎が輝いていました。そしてこの炎は神の慈愛の火の中に吸収されたのです」。イエスはニコロの血と炎とを収めたあとで、その魂もそっと受け取りおさめてやった。「ニコロは、まるで花嫁が、花婿の待っている門にたどりついてから付き添いの人たちに振り向いて会釈するように、感謝の気持ちを表しているように見えました」（カタリナのレイモン・カプー神父への書簡より引用）。

カタリナは動かなかった。彼女は花嫁のように死んでいった若い男の後を追って、自分も彼女の天の夫であるイエスのもとにのぼっていきたかった。

この血と炎のテーマは、カタリナのヴィジョンに繰り返し現れてくるものだった。死刑囚に付き添うことは、カタリナにとって、そのヴィジョンを現実の熱い血の手触りとして感じることのできる絶好の機会だったのかもしれない。それは、カタリナが繰り返し読んだ初期キリスト教殉教者たちの壮絶な死をまざまざと思い描かせるものだった。また、同時に、人はその価値によって恵みを受けるのではない、殉教者でなくとも、死刑囚ですら、イエスの慈愛の目には等しい花嫁となるのだという確信をあらたにさせたのだ。

カタリナは、これらの死刑囚との交歓について詳しく書簡で物語っている。表現の過激や誤解を恐れてはいない。信仰の生んだエネルギーはまさに奇跡的なものだった。

彼女はアヴィニヨンにいる法王グレゴリウス一一世のところへまで司教によって派遣され、法王をローマに戻すという特命使としての使命を立派に果たした。その後教会分裂が起こった時も、ウルバヌス六世に呼ばれてローマへ出かけた。

一三八〇年四月二九日、旅先のローマで、カタリナはおおぜいの弟子に囲まれ、惜しまれながら世を去った。遺体はサンタ・マリア教会で公開され、八件の奇跡の治癒がその前で起こったという。埋葬される時にも死臭はなく、柔らかい体には、生前は見えなかった聖痕(イエスの受難の傷が体に現れたもの)がくっきり浮かび上がっていた。

何年か後に遺体は墓地から掘り出され、教会内部に移葬された。その時に、首が切り離されて聖遺物器に入れられ、シエナに持ち帰られた。年老いた母親は、娘の首の凱旋を複雑な気持ちで見やったことだろう。

カタリナは一四一三年に福女の称号を獲得した。ジャンヌ・ダルクの生まれた年の一年後である。すでにヨーロッパ中で有名な存在だった。一四六一年に聖女となり、一九三九年にイタリアの守護聖女に選ばれ、あまつさえ一九七〇年には教義の深化に貢献したという教会博士の称号まで得た。カタリナの弟子たちもみなそれぞれに出世し、一五年をかけて詳細な伝記を上梓した聴罪僧レイモン・カプーなどは、自らも福者として崇敬される身分になっている。

ジャンヌ・ダルクへの道

晩年にこそ社会的に認められたというものの、カタリナの一生は毀誉褒貶《きよほうへん》の激しいものだった。しかし、数々の奇跡をなし、死刑台の上で死刑囚の血まみれの首をかかえて恍惚境に入った過激な娘カタリナは、聖女になることで、刑死と聖性の重なりをあらためて教会史に刻み込み、教会史を通じて民衆史に刻み込んだのである。後に異端者として刑死したジャンヌ・ダルクが、復権して、殉教者のような聖性を獲得して聖女となったのは、だから、決して偶然でも不自然でもなかった。

ジャンヌ・ダルクの前に火刑台で死んだマルグリット・ポレートの著作が、まるで聖女の著作であるかのように読み継がれていることも矛盾ではない。マルグリット・ポレートも、ジャンヌ・ダルクも、彼女らの神を信じ、彼女らの神の名のもとに死んでいった。信仰は、刑死すらも、究極の救いのシンボルへと変化させ得るのだ。

ジャンヌ・ダルクが生きて、殺された中世は、女たちの暗黒時代などではなかった。人々は女性のカリスマを受け入れ、女たちの神との特権的な関係を信じ、女たちがたとえ異端者として権力に殺されても、その聖性がフェニックスのように火刑台の炎の中からよみがえるであろうことを畏れ、憧れ、待っていた。マルグリット・ポレートやシエナのカタリナや、その他多くの無名の女たちが抱いていた信仰の情熱と確信とが、ジャンヌ・ダルクという希有のヒロインに結晶したのである。

次章からは、そんなヒロインであるジャンヌ・ダルクの生涯をたどって、中世の女たちが実現し今も生き生きと伝えてくれる神秘の力の源に分け入ることにしよう。

第2章　神の「声」を聞いた少女

ジャンヌ・ダルクと「声」

ジャンヌ・ダルクが中世における最大のカリスマとして活躍したことの出発点には、彼女の聞いた「神の声」という神秘体験が存在している。

中世末期の戦乱の時代の不安の中で、受け身の守りという態勢しかとれない民衆の中には、一つの逃避として「神懸かり」の症状を呈した者も少なくなかったにちがいない。けれどもそんな中で実際に行動を起こし、しかも説得力を持って歴史の前面に躍り出た者はまれであろう。ジャンヌ・ダルクが希有のカリスマ性を発揮した理由のひとつには、前章でもふれたように、公式のキリスト教の流れの外に神との交信という神秘体験にのっとって巫女の役割を果たした女たちの伝統があったことはもちろんである。

しかしジャンヌ・ダルクが傑出した背景には、彼女を育てた土地自体のもつ神秘的なパワーがあることを見逃せない。また、その「神の声」の内容も、単なる未来の予言や終末思想や新しい教義の示唆などではなかった。一人の少女にはもっとも実現困難であると思われる

「戦士として国王の軍を率いてイギリス軍を駆逐せよ」という具体的で過激なものだった。なぜジャンヌ・ダルクがこのような「声」を聞くに至ったのかを理解するためには、彼女の生まれた土地と政治状況と時代のエスプリとを併せて視野に入れなくてはならない。

ジャンヌの聞いた「神の声」は、彼女の行動のそもそもの出発点であり、その真偽はフランスの王太子（シャルル七世）がその軍隊を一少女に託すことを正当化できるかどうかの決定的な要素であったから、最初から王太子の命令で聖職者たちに吟味された。ジャンヌが悪魔の使いであっては困る。ジャンヌを鼓舞して王太子の味方につこうとしているのが悪魔ではなくて「神」であるということを教会に保証してもらうことが優先事項だった。

審問は、亡命政権の高等法院が置かれていたポワティエで行われた。

ジャンヌは、羊の番をしている時に、「神はフランスの民衆に大きな憐れみをもっている」という声が聞こえたと言った。審問官に「どんな言葉で話したのかね」と聞かれて、「あなたのよりよい言葉です」と臆せずに答えたと言う。

ジャンヌの「声」に関する証言というのは、彼女に関して行われた三つの裁判に現れてくる。最初のそれが、ジャンヌの出陣にゴーサインを与えるためのポワティエの審問（一四二九年）なのだが、この時の記録はなぜか発見されず、ジャンヌの出自を含むいろいろな憶測を生むことになる。

二番目はジャンヌを異端者として火刑台に送ることになるルーアンの異端審問（一四三一

年）で、これにはジャンヌの肉声が記録され歴史資料として残っている。

三番目が死後二五年を経た復権裁判（一四五六年）で、最初のポワティエの裁判の模様は、この復権裁判の時にポワティエでの審問官が生存していて証言したことを通して伝わっている。彼は、ジャンヌから「声」の話し方が「あなたのよりよい言葉」と言われたことについて、「確かに私は南仏なまりがありますから」と付け加えている。ジャンヌの答弁には説得力があり、審問官たちは王太子がジャンヌをオルレアンへ送ることに賛成した。

イギリス軍に捕われてからの異端審問においては、「声」が悪魔のものであるか、ジャンヌが嘘をついているかのどちらかを証明しようという意図が当然あったわけだが、結局、そこでもジャンヌの率直さが審問官たちを圧倒した。彼女は最初の「声」を聞いたのは一三歳の時で父の家の庭だったと言った。夏の日の正午頃で、右手の教会の方が明るくなって声が聞こえてきたのだ。記憶ははっきりしていて、裁判での受け答えの明確さは気持ちがいいほどだ。あまりにも確信をもって話すので、審問官たちも、ジャンヌが嘘を言っていると思ったり、精神に異常をきたしているとか、幻覚を見たと本気で疑ったりした者はあまりいなかったようだ。

もちろん、審問官たちは、ジャンヌの「声」が悪魔のものではなかったかという証拠を見つけようと虎視眈々《こしたんたん》としていたはずだが、裁判記録からはむしろ、「見神者」を前にした素朴な好奇心が伝わってくる。対するジャンヌの方が、叙述もリアルでさばさばしていて、もったいぶりもこだわりもなく、周りの大人の聖職者たちの方が、子供のように「大天使ミカエルは服を着ていたか」などのような馬鹿な質問をして、ジャンヌに「神様が天使に着せる服もないと思われるのですか」とあきれられている。

「声」そのものを悪魔のものとする決定的な証言を引き出せなかった審問官たちは、しかし、ジャンヌが「声」を聞いた出身地自体のもつ異教的要素に注目した。いったいジャンヌが「声」を聞いた村とはどんな所で、ジャンヌはどんな少女だったのだろうか。

「妖精たちの木」の村

ジャンヌ・ダルクは、フランスの北東部、シャンパーニュ地方とロレーヌ地方の境あたりにある、ドンレミーとよばれる小さな村で生まれた。魚のたくさんいるムーズ川が流れ、教会のまわりには低い屋根の集落がある。気候は穏やかで、人々は羊を飼い、畑を耕し、教会の鐘が鳴ると立ち止まって祈り、神の恵みのようなワインをときどき飲んでいた。心配の種といえば傭兵を中心にした兵士たちの軍団がたまに通ることで、運が悪いと彼らに無法の限りを尽くされた。町のように要塞に囲まれてはいないから、兵士たちが遠目に見えると教会の警鐘が鳴り、人々は財産である家畜を引き連れて、ムーズ川の中州に領主のブルレモン侯が建てた城の中に避難するのだった。

この村の名物は、一本の古いブナの木だった。それは、柏の木の林に囲まれた小さな丘の上にあった。とても大きくて堂々としていた。また、多くの葉をつけた無数の枝が地面に触れそうに伸びていて「百合の花」のように優雅だったという証言もある。それは「妖精たちの木」と呼ばれていた。一四世紀頃には、この木に集まる妖精たちの言い伝えがたくさんあったようだ。ブルレモン侯だったピエール・グラニエという騎士が定期的に木のそばにきては、一人の妖精と逢い引きしていたという噂がまことしやかに語られていた。

キリスト教は、ヨーロッパを教化した時に、古い言い伝えや迷信を排除したりキリスト教風にアレンジして取りこむことが多かった。けれども、たいていの地方では、異教の神々とキリスト教の神とが、民衆の間でたいした矛盾もなく共存していたようだ。

この妖精の木についても、一四五五年に教会関係者に質問された人々は、「昔は妖精がいたようですが、『ヨハネによる福音書』が読まれるようになって以来、戻って来なくなったらしい」とか、「以前には妖精の貴婦人たちが木のところに来たそうだが、罪を犯したのでもう来なくなった」などと、一応キリスト教的教育が効を奏したような答え方をしている。といっても、木の近くにあった、病に効く「奇跡の水」が湧く泉は、「妖精と主（キリスト教の神）の泉」と平気で並べて命名されていた。

復活祭前の四旬節の半ばを過ぎた最初の日曜日には、ブルレモン侯夫妻が先頭に立って村の若者たちを連れて、妖精たちの木のもとに出かけた。木は、たくさんの花を長く編み継いでつくられたモールで、幾重にも飾られた。娘たちは黄水仙を組み合わせた髪飾りをつけて青年たちと手をつなぎ、木の周りを囲んで歌いながら踊った。その後で、ブルレモン侯夫人が、パンや茹で卵、月を象《かたど》った菓子、ワインなどを配って、ピクニックが始まる。次にみんなで葉っぱをつなぎあわせて人形をつくり、それをかついで木の周りをぐるりと行列し、光の妖精たちに春の訪れを感謝するのだった。夕方、帰途につく前には、奇跡の泉に立ち寄って、それぞれが少しずつ水を口にふくんだ。

毎年五月一日には、夜明け前に村の青年たちが妖精の木の小枝を何本か切りに行って、年頃の娘がいる家の前に飾っていくのだった。ドアを開けて小枝を見つけた娘は、妖精がもうすぐ婚約者を連れてきてくれることを確信した。

妖精信仰

これらのフォークロリックな伝統は、一つには、メイポール・ダンスやクリスマスツリーにも反映していると言われる、ケルト時代からあった古代の樹木信仰の名残りであろうし、また東方の農耕民族から伝わった春を祝う儀式の変形でもあるのだろう。しかしそういった木そのものへの信仰とは別に、妖精信仰があって、その二つがここでは結びついていたように思われる。妖精というのは、『眠れる森の美女』に出てくるような、ある程度の年配の女性の姿をしていた。彼女らは気難しいと言われていて、人々は妖精を怒らせないように気をつかわねばならなかったという。子供の誕生には特に関係が深く、産室の隣には、妖精のための食事が用意されることもあった。子供が生まれると、その子供の欠点や長所を振り分けるのが妖精の役目だった。かなり身近な超自然の存在だったようだ。

少なくとも一五世紀の感覚では、妖精や小人や天使などの超自然の存在がいること自体は、だれの目にも確実だった。教会がはっきりさせなければならないのは、それがキリスト教のものか、異教のもの、すなわち悪魔に属するものかという点だ。ドンレミーのような、いわくつきの「妖精の木」があるような場所は、そういう地霊のようなものが根強くあるということであり、したがって悪魔の影響も受けやすい、人の心を惑わせてキリスト教の邪魔をするような超自然の出来事が起こってても不思議ではないというのが、教会の判断だった。

だからこそ、一四三一年のジャンヌ・ダルクの異端裁判の時も、ジャンヌの出身地がドンレミーであるところが注目されたわけである。ジャンヌは、異端審問官から、この妖精の木の信仰について根掘り葉掘り尋ねられた。ひとつにはジャンヌの聞いた大天使ミカエルや聖女カタリナや聖女マルグリットのお告げというのが異教の妖精のいたずらではないかという疑いからであり、さらには、ジャンヌ自身が妖精と交わる魔女のような存在なのではないかという疑いからであった。もっとも、ジャンヌは、自分の洗礼親（代母）が妖精を見たことがあると言ったが、自分は見たこともないし、深く考えたこともないとあっさり答えている。

ジャンヌがお告げを聞いたのが妖精の木のそばだったという噂は、地元でもすでにあったようだ。といっても地元の感覚では、だからそれが悪魔の声だという意味ではなく、妖精も天使も聖女も同じレベルだったので、むしろ、お告げが本物ならば当然妖精の木のそばだったと推測されたのだろう。ジャンヌはこれをはっきりと否定している。異端審問官は、それでも「妖精の木」を「声」の発信地とすることによってジャンヌを魔女とする決め手にしようという誘惑を、捨て切れなかった。ジャンヌに裁判所の独房の中でも「お告げ」は聞こえるのかと尋ねて、「もし林の中にでもいるんなら声も聞こえてくるでしょうけれど」と彼女が答えたことを、強引に「妖精の木」と結びつけようとした。

ともあれ、この裁判のおかげで、復権裁判の時にも妖精の木についての情報が多く収集され、ドンレミーのフォークロアは、この種の民間信仰にはまれな、正式に書かれた記録を提供するようになった(今でも、超常現象の研究家のうちの何人かは、ドンレミー付近が、地磁気の流れも強く、異界からのメッセージを受けやすい波動のあるポイントになっていると主張している。つまり、妖精がいることと聖人や天使が出現することは矛盾することではなく、むしろ互いに信憑性を増しあっているというわけだ)。ジャンヌ・ダルクのような民間の「巫女」が出てくる背景には、中世の異教的なフォークロアがあったことは否めない。

普通の少女

復権裁判の審問官は、ドンレミーにまで行って事情聴取を行った。少女時代のジャンヌ・

ダルクの人となりを調べるためである。洗礼親がまだ生存していた。ジャンヌはごく普通の少女だったという。糸を紡ぎ機を織るというような当時の少女たちがすることはみなした。羊の番をすることもあったし、犂《すき》を引く馬と共に畑に出ることもあった。ほとんどすべての村人に好かれていた。教会が好きでよく行った。「天にまします我らの父よ」や「アヴェ・マリア」などの祈りもちゃんと暗唱していた。決められた告解を司祭にして、贖罪《しょくざい》を果たしていた。同じ年頃の子供たちよりもずっと敬虔だった。幼い頃にジャンヌに看病してもらったという男も証言した。ジャンヌは病人の世話をしたり、貧しい者に施しを惜しまなかった。ジャンヌの両親は富裕な農民だったが、ジャンヌは貧しい子供たちの不幸に胸を痛める感受性の強い少女だったようだ。

よくジャンヌのうちに遊びに行った幼友達の一人は、ジャンヌがいつも親切でつくろわず優しい女の子だったと証言した。ジャンヌは女友達と踊ったり、クルミやパンをもって妖精の木の下でピクニックをしたりした。

そんな普通の女の子だったジャンヌ・ダルクに、天使や聖女の「声」が聞こえてきたのだ。ジャンヌの聞いた「声」は、最初のうちは神がフランスを憂えているというメッセージの他には、「行いを正しくし、教会に熱心に通うように」という教育的な内容だったらしい。それが、フランス（ドンレミーはフランス王の直轄領ではない）に行ってイギリス軍を追い出し、亡命中の王太子をシャルル七世として戴冠させることがジャンヌの使命であるという具体的なものになっていった。歴史を変えた彼女の行動のすべては、ひたすらそのお告げを信じることによって導かれていたのだ。

ジャンヌはお告げに無条件にとびついたわけではなかった。家の庭でまばゆい光とともに最初の声を聞いたときは、驚き、おそれた。錯覚かと疑いもした。けれども声は週に二、三回の割合で、彼女が戸外に一人でいる時に繰り返された。ジャンヌと「声」の間には会話が成り立つようになった。声の主が神の意志を告げる大天使ミカエルだと彼女は知らされた。やがて声は複数になり、雲に囲まれた天使や聖女たちの姿をはっきりと見るようになった。

ジャンヌは決して愚純な娘ではない。彼女は繰り返されるお告げの内容を比較し吟味した。そしてお告げの内容が毎回決して矛盾していないことに納得した。一度納得すると、ジャンヌは自分が神の道具であることを受け入れた。神の意志に完全に応えるためにはそれなりの決意が必要だ。ジャンヌはそれを「処女誓願」という形で表した。「処女誓願」というのは、自分の人生を築いて子孫を残すことを放棄することで、人生のすべてを神のために捧げるという宣言である。その時からジャンヌは自分のことを「乙女《ピユーセル》」と自称するようになった。

それ以来、「声」は、単なる伝令ではなく、彼女の良心ともなりアドヴァイザーともなった。フランスを救うという自分の使命の自覚だけではなく、生活のすべてにおいて、ジャンヌは「声」に恥ずかしくない行いをするように努力した。「声」とそれに対応するジャンヌの態度の方向性と一貫性は驚くべきものがある。だからこそ、真偽の議論を超えて、後の異端審問での神学者たちをすら説得してしまったのである。

お告げの解釈

「声」は、「フランスを救え」とはっきり言った。シャルル七世が真のフランス王でありイギリス軍はフランスから駆逐されなければならない。このことに関して、神学者は「神がフランスを救うつもりなら軍隊など要らないのではないか」とジャンヌに反問し、彼女は「軍隊が神の名によって戦い、神が勝利を与えるのです」と明快に答えた。

神がフランスに直接語りかけてくるというイメージは、ユダヤの民が神と結んでいた特権的な関係を想起して、その後、フランス人の中華思想と自尊心を満足させるものとして伝えられていった。

といっても、ジャンヌの聞いた「声」の神話性は、フランス人の合理主義的な傾向とは相反する。「声」は、審問官だけではなくて、後代の歴史学者たちをも当惑させた。ある種の歴史学者は、そのような「お告げ」があり得るわけがないという前提に立って、合理的な解釈を試みた。つまり、シャルル七世を擁護するアルマニャック派が、ジャンヌに白羽の矢を立てて、フランシスコ会士たちと協力して、少女に神のお告げを演出したというのである。こうして軍事に少女が見たり聞いたりしたのは変装したフランシスコ会士の姿や声だった。

ついてもジャンヌは教育されていったというのだ。その理由は、ジャンヌが実はシャルル七世の異父妹でオルレアン公の娘であったこと、シャルル七世の権威固めと兵士の士気を高めるためには、無垢の神懸かりの少女が伝えるお告げや、その勇姿が効果的だと思われたからである。この解釈は、確かに、ジャンヌ・ダルク伝説から超常的なものを取り払うという意味で画期的に思える。けれども決定的な証拠になる文献を欠くという点ではロマネスクな仮説に留まる。むしろ、神の声という超常現象ひとつを明快に説明しようとして、かえってありそうもない大陰謀やこじつけの楼閣を築いてしまったという感もある。

超常現象の有無を問題にする前に、この時代には、神のお告げを聞くような少年少女が決して珍しくはなかったということを確認しておく必要があるだろう。人々の生活は、百年戦争の勢力争いによって常に危機にさらされていた。そんなストレスの中で、「普通の人」が、ジャンヌのように「政治的」なお告げを聞くことはまんざら不思議ではない。女や子供のように、社会構造的にマージナルで一種の異端者であった存在は、それゆえにまた、超自然の力の依り代としての逆説的な説得力をもっていた。彼らは、自分たちが真に社会参加するためには通常のヒエラルキーを上るのは無理で、聖なる世界の使者として自己主張することが唯一のチャンスであると、無意識に理解していたのかもしれない。

もちろんそのような賭けに出た者のほとんどは、社会参加どころか、無視されたり抹殺されたり、利用されたうえで捨てられたり、あるいは恰好の生贄《いけにえ》として祀り殺されたりしたに違いない。ジャンヌもある意味ではその全部の目にあってきた。

政治的なお告げを聞いた者は、たいてい王に直訴すべき予言や忠告をもっている。実際、見神者が教区の司祭などを通してコネをつくってもらって王への直訴に持ち込んだ例は、一九世紀の王政復古の時代に至るまで少なからず記録が残っている。

ジャンヌ・ダルクはお告げを自分の聴罪僧にまず打ち明けるという従来の手続きを踏まなかった。お告げの内容が、「シノンにいる王太子に会わなければならない」というだけではなくて、その手段まで具体的に指示しはじめたからだ。とりあえずドンレミーの近くにあるヴォクラールという国王派の要塞都市へ行ってボードリクールという警固隊長に会うこと、そうすればボードリクールが必要な手配をしてくれるであろう、というのがその内容だった。

ジャンヌの出発

一六歳になったジャンヌは、ヴォクラールの近くに住む親戚の家を手伝うという名目で父の家を出た。ヴォクラールは、ムーズ川沿いにドンレミーの北に位置している。この親戚の男を説得してヴォクラールまで連れて行ってもらったのは、一四二八年五月のことだ。

ヴォクラールには、イギリス軍と同盟を組んでイギリス王をフランス王と認めたブルゴーニュ派と勇敢に戦っていた、ボードリクールという警固隊長がいた。彼はシャルル七世に臣下の礼をとった騎士で、ブルゴーニュ派のシャンパーニュ地方に隣接しながら王党派の飛び地であるドンレミー地域を、孤高に守っていたのだ。

シャルル七世に会いに行きオルレアンを救いに行こうとしたジャンヌ・ダルクがまず接触しようとした相手がこのボードリクールだったのは、現実的で理にかなっている。

といっても、ボードリクールははじめはジャンヌを相手にしなかった。付き添いの親戚の男に向かって、ジャンヌに平手打ちを加えて家に連れて帰るようにとまで言った。けれども、ジャンヌはあきらめなかった。「フランスがロレーヌの境界から出る乙女によって救われるという予言のことをご存じないのですか」とジャンヌは主張した。そのうちに、粘り続けるジャンヌを信じる者が少しずつ出てきた。神の巫女を信じるひそかな民間信仰がジャンヌの姿に重なった。

ボードリクールの軍にいた準騎士が二人、ジャンヌの信奉者になった。この騎士の一人ジャン・ド・メッツは初めてジャンヌに会った時のことを回想する。ジャンヌはとても質素な赤い服を着ていた。どうしたのかと問うジャン・ド・メッツに、ジャンヌはボードリクールが相手にしてくれないことを訴え、王のもとに行かねばならないこと、それを望んでいるのは神であること、そのためにはたとえ足が膝まで擦り減ろうともやりとげねばならないことを訴えた。彼女の熱心さにジャン・ド・メッツは心を動かされた。「いつ行きたいのかね」と問うと、「明日よりも今日、もっと遅いよりは明日に」とジャンヌは答えた。

ジャンヌは結局、三度目の会見の後でボードリクールを説得した。馬をもらって男装し、シャルル七世のいるシノンへ出発することを許された。信奉者となった騎士がボランティアになってそれぞれの召使いを連れてジャンヌを護衛して行くことになった。一四二九年二月、ジャンヌは一七歳になっていた。

ヴォクラールから王太子のいるロワール河支流にあるシノン城までは六〇〇キロメートルも離れている。本格的な旅などしたことのない田舎娘が、イギリス軍やブルゴーニュ派の勢力圏を闇に乗じて横切るというつらい一一日間をよく耐えた。一泊目は修道院だったが後は野営が続いた。二人の騎士がジャンヌを守るように側に寝た。騎士と召使い、直接の道案内となる王の伝令を含めて六人の男がついていたが、みなイギリス軍に遭遇する恐怖におののいていた。彼らは、主がついているのだから何も心配することはないというジャンヌの絶対の確信に、次第にすがるようになっていった。

ようやくイギリス軍のいないオッセールの町へ着いた頃には、道中ずっと男たちを励まし続けたジャンヌはすっかり将としてのカリスマ性を獲得していた。ジャンヌは町のカテドラルに入ってミサに出席した。男たちは神に感謝し、ジャンヌを信じた。

ジャンヌはシャルル七世に面会を請う手紙を送った。「王太子」とジャンヌは呼びかけた。彼女にとっては、彼女の使命としているランスでの戴冠式が済むまでは、シャルル七世はまだ神の祝福を受けた王ではなかったのだ。

シャルル7世の本陣シノン城に入城する馬上のジャンヌ（オルレアン歴史考古博物館蔵）

同じころ、ボードリクールが直接送った手紙も、シャルル七世に届いた。春浅い三月初めのことである。ジャンヌはシノン城に入城したが、さらに二日間待たされた。

亡命政府の宮廷にあって鬱々《うつうつ》としていたシャルルは、神懸かりの少女に会うことを躊躇《ちゅうちょ》したがついに謁見を許した。王はわざと廷臣たちに混ざって目立たなくしていたが、ジャンヌは迷わず、まっすぐに王の前に進んで跪いた。

「王太子さま、私は乙女ジャンヌです。天の王が私に命じてあなたをランスで即位させよと言いました。あなたは天の王の代理、フランス王になられるでしょう」と少女は切り出した。

続けて「神は私にあなたが真のフランスの相続者であり王の息子だと言い、あなたを連れてランスに行って即位をさせよと言いました」とジャンヌは言った。この瞬間に、シャルルの運命が変わり、フランスの運命が変わった。

中世における政治的お告げの実態

ジャンヌの言葉がどうしてこのような重みをもつに至ったのかを理解するために、ここでもう一度、中世における「神のお告げ」と政治との関わりに話を戻してみよう。

ジャンヌが、お告げの伝達に、まず司祭という教会関係者を通さなかったということは、むしろ例外に属している。だからこそ、後にジャンヌが異端であるという言い掛かりに根拠の一つを提供することにもなった。

中世において「お告げ」を聞く者が決して少なくなかったとしても、ジャンヌのような直訴の例は多くなかった。啓示を得た見神者はたいてい告解（懺悔）を聞いてくれる司祭や指導僧にお告げの内容をまず打ち明けるのが普通だった。そこで一応信憑性をチェックされ、その内容が、国のため、あるいは仲介する僧の個人的な出世のために役に立ちそうだと判断されれば、カトリックのネットワークを通して中央へ紹介してもらい、司祭が見神者に付き添って行くというのが本筋だったようだ。そして、実際に、政局の混乱時には、そういった多くの「見神者」たちからの取り次ぎが王の宮廷に列をなしていたようである。それをさらに王の聴罪僧であるフランシスコ会士だの司教だの（彼らのほとんどが政治的に中立ではない貴族の家の出身であることはいうまでもない）が篩《ふるい》にかけて王に取り次いだ。

今日の先進国で、企業が人事や経営に関して霊能者のアドヴァイスを受けるというケースが見られるのと同じことで、「お告げ」も、権力者たちにとって、自分たちの決定の権威づけ、動機づけとして都合のいいものなら積極的に取り入れたのだろう。予言的なものはなおさらそうだった。

ジャンヌは初めてシャルル七世に会った時、自分の使命を話した後で二人だけの面談を所望した。ある「秘密」をシャルルに伝えるためだと言ったらしい。その「秘密」をジャンヌから聞いた後で廷臣たちの間に戻ってきたシャルルは、まるで別人のようだった。突然顔を輝かせて、やる気を起こしたと伝えられている。亡命政府で財政的にも窮乏し軍事的にも劣勢だったシャルル七世が、自信を回復したのだ。

秘密の内容は伝わっていないが、シャルルが毎朝ひとりでする祈禱の祈りの文句に対応するものだったという説もある。つまり、シャルルと神しか知らない内容をジャンヌが知っていたということで、シャルルはジャンヌが真に神の使いであるという確証を得たというわけである。

また別の説では、当時二六歳だったシャルルが一〇年前に関わったブルゴーニュ公暗殺事件について神が赦しを与えたという内容であったという。フランスの分裂とイギリスの侵入のきっかけとなったこの事件についてシャルルは長い間慚愧《ざんき》の念を抱いていて、自分を王として主張する妨げになっていた。

もともとシャルルは世継ぎの長男ではなく二人の兄がいた。兄たちの死や父の発狂、母の不倫などという出来事に翻弄されて、ブルゴーニュ公とアルマニャック伯の派閥争いにかつぎ出された気の弱い若者であった。ルーヴル美術館に今日伝わるジャン・フーケによる肖像画も、シャルルの疑り深そうな表情を伝えている。そんなシャルルの前に、乙女ジャンヌという不思議な少女がやって来て神の名においてシャルルを祝福した。ジャンヌを通じて神が与えた赦しが、彼を罪の意識から解放して前向きにさせたのかもしれない。

事実は謎のままであるが、ジャンヌのもたらした「お告げ」が時宜にかない、シャルルの意気を一転させ、新しい力を吹き込んだことはまちがいがない。

実際、シャルル七世のそばにいたアドヴァイザーとしての「霊能者」は、ジャンヌだけではなかった。けれどもジャンヌによって「神の言葉」を現実に利用するという経験をしたシャルルは味をしめたようだ。その後にはカトリーヌ・ド・ラ・ロッシェルというやはり神懸かりの女性が宮廷に住み込み、シャルルに気にいられて夢判断などをしていたことが知られている。

シャルル7世（ジャン・フーケ画、ルーヴル美術館蔵）

後に、ランスでの戴冠式を終えてジャンヌの当面の使い道がなくなってしまったころ、軍事政策を外交政策に切り替えようとしていたシャルルにとっては、血気にはやるジャンヌよりもカトリーヌの方が都合がよかった。ジャンヌとカトリーヌは宮廷で顔を合わせたこともももちろんある。カトリーヌはいわばジャンヌの後釜になったというわけだ。しかしそのカトリーヌの方も、運命の変転は免れ得ず、後に、シャルル七世に与した霊能者としてパリで火刑にされてしまった。戦争中に政治を語る見神者の立場は常に命のリスクを抱えている。

第３章　中世の政治と宗教――少女戦士はいかにして誕生したか

宗教界の背景

中世において、政治権力の争いというのは、もともと宗教と切り離すことができない。当時のフランスは、イギリス王を支援していたブルゴーニュ公とシャルル七世を擁するアルマニャック伯の二大勢力が争っていたのだが、両派はそのまま宗教グループの大スポンサーであった。ブルゴーニュ公は聖アンドレ兄弟団というのを、アルマニャック伯は聖ローラン兄弟団（または白マントとよばれた）をそれぞれ抱えていた。

当時の宗教界の地図は、この二大勢力の争いに加え、ドミニコ会とフランシスコ会という二大修道会の対立も重なり合っていた。ブルゴーニュ派がドミニコ会に、アルマニャック派がフランシスコ会により接近していた。ドミニコ会は一五世紀に全盛をむかえた異端審問を一手に引き受けていた。

当時のパリは、以前に傭兵中心でならず者集団に近かったシャルル七世の軍団の無法ぶりに懲りた経験から、イギリス＝ブルゴーニュ派に傾いていた。北フランスでは圧倒的にブルゴーニュ派が優勢となった。そんなパリに、サン・ジノサン墓地で説教したリシャールという有名なフランシスコ会士がいて、アルマニャック派だとみなされていたらしく、彼の影響を受けた者はみな異端だと決めつけられた。政治的な立場が宗教的に制裁されたのである。リシャールの説教は、墓地の納骨堂で死の舞踏のフレスコ画をバックにした熱演で、なかなかの迫力だったようだ。

もっともリシャールは、アルマニャック派といってもジャンヌ・ダルクをすぐに神の使者として認めたわけではない。後に、オルレアンを解放した後のジャンヌ・ダルクがランスに向かう時にリシャールと出会い、リシャールに悪魔祓いの聖水を振りかけられている。ジャンヌは臆せずリシャールと話し合った。リシャールはジャンヌの持ち前の無邪気で力強い信仰を認め、町は王の一行を受け入れた。

しかし、ジャンヌ・ダルクがリシャールの信用を得たということは、逆に敵側であるブルゴーニュ派を刺激した。二人を同時に批判するために、ジャンヌ・ダルクがロワール河畔のジャルジョーという町でクリスマスを迎えた時、リシャールが一日に三度も聖体拝領をさせたという噂が広められたこともある。一般の人間は一年に一度復活祭の聖体拝領が普通だった時代だから、日に三度の聖体拝領というのは神父の権利の濫用であり、神の冒瀆《ぼうとく》に等しいことであるとみなされたのだ。

一方で異端審問の先頭に立つブルゴーニュ派のドミニコ会士の方は、ジャンヌ・ダルクがいかに悪魔に騙されたかを声高に語った。リシャールの影響を受けたという別の女性も三人、異端であり魔女であるとされて、火刑台に送られた。

ドミニコ会はその少し前にヴァンサン・フェリエという名説教師を生んでいる。この人も、ヨーロッパ中を説教してまわり数々の奇跡をなし、政治力も大きかったが、複雑な政争を上手にくぐり抜けて無事に聖人のタイトルを得た。

中世の人気説教師が火刑台に送られるか聖人として祀り上げられるかというのは、本当に、運命のいたずらのような側面がある（こういう流浪の説教師たちは、一応慈善団体や修道会や司教の信任状を携えていた。ブルターニュのフランシスコ会修道院などは二二〇もの教区にシェアをもっていて、説教師を派遣していたといわれる。しかしまた、出自の定かでない多くの怪しげなパフォーマーがいたことも事実だ。特に女性の公共の場での説教は禁じられていたから、女性のカリスマはすべて在野のカリスマ、それだけで異端のカリスマであったわけである）。

魔女として焼かれる

もっとも、目立つ説教師や女性だけが異端のレッテルを貼られるわけではない。ブルゴーニュ派とアルマニャック派は互いに互いを異端呼ばわりしていたのだから、どちらの側でも、敵に与する者は、説教師であれ貴族であれ、そのまま他方から異端だと決めつけられるのは当然だった。ブルゴーニュ公の勢力下に入って以来、パリではノートルダムの大行列の際に、すべてのアルマニャック派とそのシンパを、具体的な貴族たちの名前を挙げたうえで破門するというような集団ヒステリーが見られるようになっていた。つまり、そこで名を挙げられたような人物ならだれでも、捕まれば火刑台へ送られる可能性があったわけだ。

その意味ではジャンヌ・ダルクは何も不幸な例外であったわけではない。彼女はアルマニャック派のシャルル七世についた時点から、ブルゴーニュ派にとっては立派な魔女候補生だった。

実際、彼女がコンピエーニュで逮捕された同じ年の三ヵ月後にも、やはりコンピエーニュで逮捕されてパリで裁かれた二人の「魔女」がいた。そのうちの一人はブルターニュのピエロンヌというやはり自称「見神者」だった。ピエロンヌは白い長衣を着た神と友のように語ったことがあると言い、一日に二度聖体拝領したことがあることも認めた。この人は神の名において、ジャンヌは間違ってはいず、神の命によって行動したのだと断言したので、魔女としてノートルダムの広場で生きたまま焼かれた。

この時に同時に裁かれたもう一人が、前に述べたカトリーヌ・ド・ラ・ロッシェルだった。ジャンヌ・ダルクの後でシャルル七世に取り立てられたカトリーヌは、シャルル七世の軍を勇気づけた魔女として、やはりパリのブルゴーニュ派によって焼かれた。

同じ時期、ジャンヌが火刑に処せられたルーアンでも、イギリス軍が、戦場でシャルル軍の兵士たちを力づけていた二人の女を捕まえて死刑にしている。当時の戦争には慰安婦が従軍することが多かった（ジャンヌ・ダルクは神の意に反するこの悪習を自軍から一掃していた）。その中には、士気を高め兵士を鼓舞する巫女のような機能ももった女たちがいたのだろう。いたるところであらゆる女たちが処刑されたということから、彼女らのカリスマがいかに大きな影響を戦局に与えていたかということが逆に類推されよう。

ジャンヌが処刑された一四三一年以後も、政治がらみの異端狩りは続いた。ちょうど一年後にローマで火刑にされたトマ・クエットというル・マン生まれのカルメル会修道士も有名だ。この人は、多くの弟子を引き連れて町から町へと渡り歩き、賭け事を攻撃し、女性の華美を批判し、サイコロやトランプや三角帽を供出させて広場で焼くなどという派手なパフォーマンスをした。それは「虚栄の火刑」と呼ばれていた。群衆は彼の歩いた土に接吻するほどの熱狂の仕方で、町や村も公的な喜捨を捧げた。このトマ・クエットも、ジャンヌ・ダルクを擁護し、またジャンヌにアドヴァイスを与えたのだと噂された。彼が処刑されたのも、勢力争いと陰謀の結果だったのだ。

当時の派閥争いは、武力よりも密告やでっちあげによる陥れによって動いていたから、捕らえられたジャンヌ・ダルクをシャルル七世が救わなかったのは、たんに用済みのジャンヌを捨てたということではなくて、ジャンヌの栄達に嫉妬して彼女の異端について吹き込む近臣がいたからでもあろう。そしてジャンヌと同様にカトリーヌ・ド・ラ・ロッシェルが焼かれたことからも、派閥争いの中では巫女たちはしょせんスケープゴートでしかなかったのだということがわかる。

見神者から戦士へ

これまで見てきたように、この時代に神の声を聞いたのはジャンヌ・ダルクだけではなかった。多くの女性がジャンヌと似たような体験をしている。

といっても、神の声を聞いたすべての者が、ジャンヌのように馬に乗り剣をとって軍を率いたわけではもちろんない。多くの巫女や預言者、説教者たちは、「語る」「告げる」という機能のみに留まった。いや「告げる」ことによって王に取り立てられたり、弟子を従えたり歴史に名を残したりした巫女や預言者たちすら、ほんの一握りでしかないだろう。ほとんどの「神懸かり」、特に、修道士でもなく司祭でもなく修道女ですらないただの少女の「神懸かり」は、地域に埋もれたまま、願を立ててて隠遁してひたすら祈禱を捧げるとか、あるいは人々の治療をするといった民俗信仰の伝統の枠内にとどまったことだろう。

そんな中で、ジャンヌの「声」は、あくまでも彼女の積極的な社会参加を決定するものだったということで特異である。

彼女が火刑台で発した最後の言葉はこうである。

私の聞いた声は神からきた。
私のしたことはみんな神の命によってしたことだ。
私の「声」は私を裏切らなかった。
私の得た啓示は神からきたのだ。

ジャンヌが自分の信念に従って行動していたのは確かだ。でも、彼女の神は、どうして、他の巫女たちにではなく彼女にだけ、剣をとり戦えというような、田舎娘にとって非現実的な命令を下したのだろう。また、どうして彼女はそんないわば無茶な命令を信じたのだろう。もしそれが幻覚だったとしても、どうしてそんなに過激な要求を自らに課したのか。彼女の「神秘」はなぜキエティスム（静寂主義）に向かわずに実際の行動に向かったのか。

ジャンヌを描いた15世紀のミニアチュール（フランス国立公文書館蔵）

神の声を聞く少女の多くは、祈

り三昧の暮らしをしたり病人の世話をするような「ふつうの聖女」を目指すようになるものだ。なぜ、ジャンヌ・ダルクだけが「戦士」となったのか。

それにはいくつかの理由が考えられるだろう。なかでも決定的なのは、ジャンヌの前に百年戦争という戦争があったことである。当初はフランス王家内の勢力争いという色が濃かった百年戦争だが、ジャンヌが生まれたすぐ後の一四一五年には、アザンクールの戦いというフランス史における最大の敗戦を迎えた。

数において劣っていたイギリス軍は、近代的な武器であった長弓を採用していた。長弓は、フランス軍の持つ小ぶりだが重い伝統的な弩《おおゆみ》が一本の矢を放つ間に、五本の矢を連続して打ち込むことができた。しかもフランス軍は重い鎧に身をかためていて動きが鈍かった。長弓の攻撃にパニックに陥った騎士と馬は、沼地に脚をとられて転落し、イギリス軍に虐殺された。

この惨敗の後で、フランス側は、国王シャルル六世の娘をイギリスのヘンリー五世に嫁がせて、生まれる息子にフランスの王位を譲るという取り決めをしたのである。王太子は廃嫡された。ジャンヌが応援したのはこの王太子だったのだ。あまつさえ、王太子は母親から実は不倫の末にできた子供でもともと王位の継承権はないのだとまで言われた。王太子はシャルル七世として亡命政府をつくったものの、経済的にも苦しく戦意を無くし、事態は最悪だった。ジャンヌが名乗りをあげた時には、王太子側にはもうジャンヌに賭けて失敗したからといって、失うものは何もなかったといっていい。だからこそ田舎娘であるジャンヌの異例の抜擢も可能になったたし、背水の陣であった王太子軍にとって、ジャンヌのカリスマが与えるインパクトも強烈だったのである。

神秘家であるジャンヌが実戦の戦士として活躍したもうひとつの大きな理由は、騎士道の存在だった。ジャンヌの生きた中世末期には、武器の改良もすすみ、実は騎士道は事実上消滅していた。しかし、理念としての騎士道は、ひとつの疑似宗教として残っていたのである。神の名のもとに、選ばれたものが戦うという騎士道の理念がなければ、「見神者」であったジャンヌの「戦士」へのシフトはあり得なかっただろう。

ジャンヌを「戦士」にしたこれら二つの原因、百年戦争の情勢と騎士道についてさらに詳しく見ていこう。

百年戦争

百年戦争（一三三九―一四五三年）は、フランスの王位継承権をめぐってイギリスとフランスとの間に起こった争いだ。この争いは、近代のナショナリズム的見地から見ると、イギリスという国が、フランスという国を侵略、併合しようとしてなさなかったように見えるが、もともと民族と歴史の入り組んだヨーロッパでは、実情はそう単純なものではない。ヨーロッパ大陸では民族移動は北や東から西へ南へと流れていった。

フランス側から見るとイギリスというのは、まずヨーロッパ大陸を征服した民族たちの一部が引き続き流れていってできた国だった。フランスの諸侯の一人が、イギリスという島国に移住して一家をなし栄えるようになったというぐらいにみなされていたのだ。

ヨーロッパ内部では一国を単位としたナショナリズムの成立はほど遠く、だいたい「国」といっても、姻戚関係によって領土の地図がたえず目まぐるしく変わっていた。

一二世紀のイギリスのプランタジネット王家などは、もともとフランスのアンジュー伯であり、そのうえフランス王妃だった女性と結婚してその領地も手に入れたので、フランスの西半分を所有していた。これも、見方を変えれば、フランス人がイギリスを支配するようになったのだとも見える。それでも勢力争いのもとになって、結局、イギリス王がフランスの一諸侯としてフランス王に封建制のもとでの臣下の礼をとることで、一応片がついた。

しかし一四世紀になると、農業生産力が伸びて人口も多かったフランスは、貧しいイギリス王が所有権をもっている南西フランスの領土を没収してしまった。イギリスはイギリスで、毛織物で豊かなフランドル地方へ上陸した。この争いの緩和のために両王家の間にまた姻戚関係がつくられ、ことはさらに複雑になる。また、フランスが強国だとはいっても、前身であるフランク王国の伝統が、王の複数の息子たちに領土を分割する方式だったせいで、縁戚のある大諸侯の集まりになっていた。

ヴァロワ王家

そんな中で、百年戦争のそもそもの始まりは、一四世紀初めにフランスのフィリップ四世の息子たちが王位を継ぎながら、直系男子を残さないまま次々と死んだことによる。結局、フィリップの甥が後を継いでヴァロワ王家を興すことになった。ところが、フィリップの実の娘がイギリス王と結婚していて、その息子、すなわちフィリップの孫息子にあたるエドワード三世が、フランスの王位継承を申し立てたのだ。

仮にこの時にエドワード三世がフランス王になっていたとしたら、何が起こっていただろうか。必ずしもフランスがイギリスに乗っ取られるというわけではない。当時のイギリス宮廷は何かにつけてフランスの典礼に倣っており、宮廷の公用語もフランス語だった。エドワード三世は母親がフランス王女であるし、自らもフランスの諸侯の一人だ。もし彼がフランス王を兼ねたとしたら、本拠は、富裕なフランスに移っていたかもしれず、イギリスの方がフランスに合併吸収される形になった可能性の方が大きい。しかしこの時は、エドワード三世は引き下がり、ヴァロワ朝が始まった。

ところが、その後、一五世紀に入って、四代目のシャルル六世になって問題が再燃した。シャルル六世が間歇《かんけつ》的な精神病になったのだ。そのせいで妻のイザボーが摂政になり、弟のオルレアン公や従兄弟のブルゴーニュ公らが顧問となる。この顧問同士の勢力争いが始まった。ブルゴーニュ公はもともと勢力が大きく、危機的状況にあるフランス王にとっては脅威の存在だ。オルレアン公はといえば、シャルル六世の妻イザボーと不義の仲にあった。このオルレアン公ルイはブルゴーニュ公に暗殺されることになるのだが、その後を継いだ息子の妻がアルマニャック伯の娘だった。息子はイギリスで長い捕虜生活を余儀なくされたので、妻の実家のアルマニャック伯がブルゴーニュ公と対立することになったのだ。

とはいっても、精神病になったとはいえシャルル六世には後のシャルル七世となる王太子がいた。本来なら世継ぎの問題はないはずだった。ところが、この王太子がアルマニャック伯に擁されたことがことを複雑にする。そうなると、摂政である王妃イザボーの存在は邪魔となり、王太子は母であるイザボーを追放したのだ。イザボーは怒って、王太子は不義の子であるといって廃嫡してしまう。これで直系男子の世継ぎがなくなったわけだ。

一方イザボーには二人の娘がいて、一人はイギリス王と婚約し、もう一人はブルゴーニュ公と結婚していた。だから、イギリス王とブルゴーニュ公が王位を狙うようになったのは当然の成り行きだ。結局、イギリス王ヘンリー五世はイザボーの娘と正式に結婚して、自分が、舅《しゅうと》であるフランス王（「狂王」シャルル六世）の摂政となり、フランス王の死後にはフランス王を兼ねるというトロワの条約が、アザンクールでのフランス貴族連合軍の大敗を経て成立した。これはイザボーがアルマニャック派への反発から強引に決めたようにも見えるけれど、パリの最高法院もパリ大学もこれを認め、パリ市民も歓迎したのだから、イギリス＝フランスの連合王国はまず合法的に成立したといっていい。

しかしことは治まらなかった。問題を紛糾させたのは、その後ヘンリー五世とシャルル六世とが相次いで亡くなったことだ。ヘンリー五世の息子でシャルル六世の孫にあたるヘンリー六世がまだ赤ん坊であったからだ。この赤ん坊ヘンリー六世の摂政になったのが、ヘンリー五世の弟ベッドフォード公で、この人はブルゴーニュ公と姻戚関係がある。そんなわけで、ブルゴーニュ公はイギリス側に与していた。

一方、廃嫡された王太子は、アルマニャック伯にかつがれたままロワール河の南の方に亡命した形だった。ブルジュで戴冠式をしてシャルル七世と称して、高等法院もポワティエにつくり、フランス王だと名乗ってはいたが、北の勢力からは「ブルジュの王」とさげすまれていた。

北と南

シャルル七世を擁したアルマニャック伯のアルマニャックというのは、南フランスの地方名である。アルマニャック伯の擁するシャルル七世とブルゴーニュ公の擁するイギリス王との対立は、だから北と南の勢力争いという観も呈するようになっていた。フランスという国は、ロワール河を境にして、気候も違えば気質も違い、言葉も違うという対立をそもそも抱えていた。年間平均気温の一二度の等温線区分がロワール河に対応しているし、北の慣習法、南の成文法という習慣も違い、北のオイル語に対して南ではオック語（ラング・ドック）だった（今でも南フランスの一部は、ラング・ドック地方と呼ばれている）。国が南北に分かれてても不思議はない状況だった。

「北」派の人々の中には、今に至るまで、ジャンヌ・ダルクがお節介をしてシャルル七世を立てたことは、フランスを結果的に貧しくしたと主張する者がいる。私はフランス人の中華思想は知っていたし、今だにルイジアナをアメリカに売ったのは失敗だったなどと真面目に残念がって言う人がいるのも知っているが、百年戦争でイギリスを受け入れていたら、イギリスもフランスもひとつのフランスという国として強大になっていたのにと悔やむ人がいることに、驚いた記憶がある。

フランドル出身の先祖をもつ一九世紀の文学者ユイスマンスは、その『彼方』という小説の中で、そんな典型的な気持ちを代弁させている。登場人物の一人はこう言う。シャルル七世軍はモラルの低い南方の略奪者の集団で、味方の民衆にも嫌われていた。一方その頃のイギリスは、ノルマンディの征服地でノルマン人の血統や言葉や習慣を残している。ジャンヌ・ダルクがおとなしく母親の側で縫い物でもしていてシャルル七世が敗退していたなら、プランタジネット家がフランスとイギリスを合わせた北方強国を南仏にまで拡大していただろう。先史時代にはそもそも英仏海峡など存在せず、イギリスもフランスも陸続きのまとまりだったのだ。シャルル七世の戴冠のせいで、フランスは、クルミ酒を飲んでニンニクを噛んでいるイタリア人まがいやスペイン人まがいが幅をきかせる、軽薄で信用ならぬラテン国になってしまったのだ。

これはやや強弁に過ぎるとしても、中世末期において、北と南の勢力が互いに互いを異端よばわりして排斥していたことは事実で、フランスとかイギリスとかいう区別、あるいは正統や異端という区別が、今の感覚よりもずっと曖昧だったということを認識しなくてはならない。また、首都パリが、フランスのかなり北寄りにあって、ラテン的というよりかなり北方的な気質をもっていること、だから、アルマニャック派の侵攻は必ずしも自然に受け入れられるものではなかったことも知る必要がある。

そんな情勢の中で、ジャンヌ・ダルクの生まれたドンレミーは特殊な位置にあった。位置こそフランスの北東部で北側にあるというのに、イギリスと同盟しているブルゴーニュ公の支配地域の中にぽつんとあるシャルル七世シンパの飛び地だったのだ。背後のロレーヌ公国はフランスからは独立していたので、もっぱら敵は西から来る。敵に囲まれ常に脅威にさらされたこういう位置にあれば、味方の近くにいる場合よりもさらにフランス王への忠誠心が研ぎ澄まされてくるのも道理だ。

なぜこの地域にシャルル七世派が残ったかというと、昔オルレアン公の保護領であったという歴史があるからだ。そのオルレアン公はブルゴーニュ公に殺されたし、その後を継いだ息子はイギリスの捕虜になっていた。オルレアンは北と南との勢力範囲の境にあり、イギリス側に包囲されている。このような状況だから、ドンレミーの地域がブルゴーニュ派やイギリスに反感をもつのは当然で、彼らの使命がオルレアンをイギリス軍の包囲から解放してシャルル七世を正式に王にすることだと感じられるようになっても不思議ではない。ジャンヌ・ダルクの決意は、その意味では決して突飛なものではなかった。

そんなドンレミーの住民であるから、ジャンヌの決心を聞かされた親戚の男が、半信半疑にせよ彼女をシャルル七世派のヴォクラールの城に連れて行ったことも理解できないことではない。

騎士道と宗教

しかし政治的判断の妥当性の説明だけでは、ジャンヌが戦士としてのカリスマ性を発揮した理由にはならない。神の声を聞く少女という宗教的神秘的存在が、どうして政治的な行動に走ったかということ自体を理解するには、前述したように、中世においては「政治的な敵」とはただちに「異端」とされ、つまり「宗教的な敵」でもあったことを想起しなくてはならない。言い換えると、「宗教的な敵」を憎む心から出発しても、具体的にはすぐに「政治的な敵」につながってしまうということだ。

異端を排斥することが熱心に神に仕えることのプロセスのひとつである以上、神の声が政治的な「敵」を駆逐せよという命令と重なっていくのは必ずしも不自然なことではなかったのだ。そして、熱心に神に仕えることが「異端＝敵」に対する積極的な戦いにつながるという論理をさらに助長したのが、騎士道と宗教の共通してもつコノテーションである。

ヨーロッパ中世の騎士道というのは、封建制度の上に発達した。小領主が大領主に臣下の礼をとり、封地をもらうかわりに、戦争がある時は自分の部下を引き連れて加わり、戦士として戦うというのが封建制度だ。騎士道の「掟」は、騎士物語などの文学を反映したものが多い。もともとはゲルマン的な、生を闘争に捧げ尽くすという伝統がベースにあった。

それに比べると、ギリシャ・ローマ風の感覚では、プラトニズムにしろ、ヘドニズムにしろ、平和な遊民的な色が濃い。第一、スコラ哲学は、初め、「軍事《ミリティア》は悪事《マリティア》」といって戦争を否定していた。「騎士」のラテン語訳はずばり「戦士《ミレース》」ということでもあり、騎士に対するロマネスクな幻想など存在しなかった。ローマ世界から見るとゲルマン人は蛮族でもあった。

ところがヨーロッパがキリスト教化した後でも、諸侯の勢力争いは続き、イスラム勢力への対抗からも、軍事を否定することなどできなかった。十字軍の熱狂はもちろん、テンプル騎士団をはじめとして、聖地を管理したり、巡礼者を守ったりすることを目的とした軍団もできた。そうなると、悪事であった軍事を宗教的に正当化する必要が出てくる。アウグスティヌスの「正戦論」がその根拠を与えた。

そして、たぶん、バタイユなどが見抜いたように、実際、戦争の荒々しさや殺すなかれという戒律破りの中に、ある種の魅惑をおぼえた者も多かったのだろう。悪を善に仕立てようという欺瞞《ぎまん》も、生死の隣り合った緊張状態である戦争に「聖なるもの」のための戦いというレトリックのすりかえがなされたことによって、自然に受け入れられてしまった。戦士はそのまま貴族となり、一般の平民から分けられることで差異性による聖性を獲得する。

騎士叙任のセレモニーは司祭叙任にも似て、宗教的な弁別の意味を帯び、事実、騎士は良きキリスト者として毎日ミサへ行くなどの伝統をつくるようになった。聖職者の苦行禁欲に対応するものとして、貴婦人へのプラトニックな愛というテーマがあらわれたし、それは聖母に対する愛などとも重なって、文学的で清らかな情熱恋愛のモデルを提供した。

神への忠節、王への忠誠

こうした騎士道的価値観のひとつに忠節というものがある。それは、憧れの貴婦人への忠節でもあり、仕える主人に対する忠義でもある。シャルル七世を擁して戦った騎士たちがジャンヌ・ダルクを受け入れた理由のひとつには、彼らの王に対する忠誠とジャンヌが神に捧げた忠節との間に相通ずるものがあったことが挙げられるだろう。

戦時の軍隊のような世界では、散文的で実際的、プラグマティックな現実主義と同時に、縁起をかついだりジンクスにこだわったりする迷信的な心性が共存しているのが常だ。皆が不安で先行きの見通しが立たないところに、神懸かりの乙女が神の声を伝え、王のために敵を駆逐すると宣言する時には、笑って相手にしない者と、信じたいという誘惑に負けてしまう者とが出てくる。

そして、信じたい者にとっては、王に対する騎士道の忠義とジャンヌの唱える神の大義とが重なり得るからこそ、その確信を正当化することができた。ジャンヌの目指した第一義が、ただの戦闘ではなくてシャルル七世をランスの大聖堂に連れて行って戴冠させるということであったことも、宗教的な正当性に合致していた。騎士道と宗教を結びつけるレトリックの究極の形が国王の戴冠における注油の儀式だったからだ。注油によって初めて、王は神の代理人とみなされて、王への忠義が神への服従と同義のものになるのだ。

フランス王は、ドイツを中心にした神聖ローマ帝国の皇帝のように、法王の手によって戴冠されるわけではない。しかし、五世紀の末にフランク王国最初のキリスト教王になったクローヴィスがランスの大聖堂で聖レミ司教の手によって洗礼されて以来、フランス王はその時に聖霊が白鳩の姿で天から運んできたという伝説をもつ聖油を額に塗ってもらうことになっていた。それによって、王権が神授され、王は俗界の司教、神の代理人となるとみなされた。フランス王が宗教的に聖なるものであるというレトリックは、一三世紀にルイ九世がフランシスコ会の第三会に属し、自ら十字軍を率いて客死し、聖人のタイトルで礼拝されるようになったことで、強調された（この聖ルイ王は、柏の木の下で裁きを行ったことでも有名だ。王権と正義と聖性と木のコンビネーションは、そのままドンレミーのジャンヌ・ダルクのお告げに反映している）。

聖油をつけてもらうことで聖性を獲得するという伝統は、旧約聖書にもあって、サウルやダビデも注油によって、堰《せき》を切った奔流のように神の霊を授与されたという記述（『サムエル記』）がある。フランス王は、注油によって神に選ばれたということを証明するために、戴冠セレモニーの後で、集まってきた瘰癧《るいれき》（結核性のリンパ病）患者に手を触れて奇跡的に治すという癒しのパフォーマンスを行った。国王は司祭のように聖体パンを聖別するという神降ろしの資格はないけれど、直接イエスや使徒たちのように奇跡の治療をするわけだ。つまり、王に注油するのは司教ではあるけれど、それによって、聖職者にさえ与えられない、司教を超える特別の能力と地位とを獲得するのだということをデモンストレーションしたわけである（ローマ法王は聖ペトロの継承者であるがフランス王はイエスの助祭であるというのがレトリックで、フランス王と法王は深刻な勢力争いを続けた。神学の建前上は、ローマ法王は天と地と地獄全部においてイエス・キリストを代理するといわれるのに対して、フランス王は地上だけがテリトリーだった）。

実際、戴冠式の日の宗教的高揚のせいか、国王の按手による「奇跡の治癒」は、かなりの率で実現したといわれている。国王本人もこのことによって自覚と自信をもつことができたことだろう。このようなランスでの戴冠式の典礼、演出はあまりにもよくできていたので、やがてヨーロッパ中の王家の戴冠式のモデルとなった。イギリス王室なども、戴冠式のセレモニーは、フランス王の模倣をしてフランス語のフレーズをそのままかなり使っていたという。戴冠式とは、宗教の正統と政治の正統とが演劇的なコンテキストで効果的に交わる場面だったのだ。

ちなみに、戴冠式では王による三つの誓いというものがあった。それは、

キリストの名において私に委ねられたキリスト教国民に次の三つのことを約束します。神の教会とキリスト教国民の平和のために私の権力のおよぶ限り、常に努力します。国家によるさまざまの度合いの不正や不当な搾取を禁じます。すべての裁きにおいて、私とあなたがたのために我々を支配する慈悲深い神の情けを得るために、慈悲の公正を命じます。

というもので、神から授かったあるいは預かった王権を、神のエスプリの中で責任をもって実施するという良識に満ちたものだった。単なる美辞麗句でもなければ神秘的な言辞でもない。宗教と政治がうまく拮抗《きっこう》して良識的な力を発揮しているのだ。誓いの後で奇跡の治療行為をパフォーマンスすることも、誓いの内容を象徴する具体的で直接的な「福祉」行為として成り立っているわけである。

戴冠式の意味

百年戦争の微妙で曖昧な勢力地図においては、結局、政治の決着をつけるのは、宗教による裏付けということになった。言い換えると、早く正式な戴冠式をした方が本物の王というわけである。

名目上イギリス＝フランス王となったヘンリー六世がまだ赤ん坊で摂政を必要としていて、この戴冠式というセレモニーをさしあたっては遂行できないという状況が、シャルル七世の幸運となった。赤ん坊には戴冠式の演出で自分の役割を演じる能力がない。ジャンヌ・ダルクの伝えた「シャルル七世を早くランスで戴冠させせよ」という声は、図らずもその点をついたわけである。

これに対してイギリスとブルゴーニュ派の政治の思惑は、宗教的配慮を欠いていた。ランスで聖油を注油さえしてもらっていれば、イギリス王でも神の名によってフランス王になることができたろうし、ジャンヌ・ダルクのような人間もその権威に服したかもしれない。それは、言い換えると、そのような責任あるセレモニーを自覚的に引き受ける能力のないような王を、政治的な配慮だけによって強引に立ててしまうことの不自然さを許せないという健全なバランス感覚でもあろう。ジャンヌ・ダルクがランスでの戴冠にこだわり、結局それが政治的にも説得力をもったということは、その健全さがものを言ったというわけだ。

ジャンヌは騎士道と宗教を王権にからめてほとんどドン・キホーテのように突き進んだわ

けだが、それが、「赤ん坊の王」に対して「責任ある大人の王」を選ぶというバランス感覚に合致していたからこそ、歴史を変えるほどの力となったのである。

この聖油は、白鳩形のクリスタルの容器に入れられて聖レミ僧院に安置されていた。ジャンヌ・ダルクの出身地ドンレミーとは、聖レミの名を冠した村である。ジャンヌにとって王と神とランスの戴冠式とが、騎士道と宗教の理想の一致する究極の価値となり目標となったことは、偶然ではなかったのだ。

性のカオス

ジャンヌ・ダルクの登場が、芽生えつつあるナショナリズムの動きをうまくつかめた理由は、もともと文学的なモデルから発展してきた騎士道というものが、その最盛期を過ぎた「中世の秋」になって、百年戦争の緊張感の中で神の啓示を得た少女の宗教的幻想と重なり、最後の生きたおとぎ話として武装した少女によみがえったことにある。甲冑をまとった少女の肉体そのものが、騎士道と信仰の一致する場となったのだ。神の啓示を得たのが男であればこうはうまくいかなかっただろう。

ジャンヌ自身の「巫女」としての適性が、騎士道と信仰の重なりを可能にした。それは彼女が女性でしかも処女であったこと、そして男装して戦ったことの二点に拠る。

処女ジャンヌが男装することによって性を超越したからこそ、信仰と、信仰とパラレルである騎士道との合体の具体的なシンボルになり得た。兵士たちにとって、ジャンヌは、王の聖性を鼓舞してみせただけでなく、聖処女であることによって、騎士物語の中で信仰の対象になる手の届かない貴婦人像をも体現した。いわばジャンヌは、万人の目に見える「神の使者」のような存在になったのだ。こうした巨大なカリスマになった彼女が、同時に既成宗教の権威を脅かす危険な存在にもなったのは当然の成り行きだった。

戦う女性、男装の女性というパラドクスは、それだけで、倒錯した聖性の強烈なインパクトをもっている。男女両性の転換あるいは両性の融合という幻想とその演出とは、過激な聖性を生むことを可能にする一方で、「創造」に対する挑戦、挑発として、限りなく冒聖に近づくというパラドクスであるからだ。

次章では、戦場のジャンヌを追いながら、ジャンヌのもたらしたこのような性のカオスのもつエネルギーについて、もう少しくわしく考えてみよう。

第4章　戦場の乙女

復讐の女神

百年戦争に名を残した女戦士は、実はジャンヌ・ダルクだけではなかった。中世において女性が必ずしも虐げられていたわけではなかったということを、私たちはすでに修道女や聖女たちの活躍を通して見てきたが、軍事のような宗教と直接の関係がない分野でも、女性が活躍し、しかも聖女に準ずるような民衆のヒロインになることすらあった。彼女たちはキリスト教の聖人システムではカバーできない分野にこそ出現していったのだ。この章ではまず、ジャンヌに先駆けて戦場で戦った一人の女性を見てみよう。

キリスト教は、異教の多神教世界を一掃するために、無数の聖人崇敬を許可して、人々のあらゆる活動に守護聖人を割り当てた。古代世界で守護神が分業していたものに相当する。もっとも、キリスト教が善しとしない活動については守護聖人を割り当てるわけにはいかない。たとえば教会が禁じていた賭け事や復讐などだ。といっても賭け事や復讐という行為がなくなったわけではもちろんないから、人々は昔ながらの守護神をそっと温存した。賭け事には「運命の女神」が、復讐には「復讐の女神」が、こうして残った。

キリスト教の「聖人システム」が守護神のシステムよりもある意味では盛んになったわけは、「聖人」が実際の歴史的存在であり、より身近であるとともに、墓や遺骨や遺品が残っていて、呪術的な想像力を刺激したからだろう。

すると、人間ではない運命の女神や復讐の女神は、具体的な拠り所がないだけやや分が悪くなる。そのかわり、逆に、運命の女神や復讐の女神を地でいくような実在の人物が登場すると、民衆がその人物を疑似聖者に祀り上げるという傾向が現れた。そのような自在な民衆の心性に支えられていたからこそ、中世は、意外な、桁外れに勇ましいヒロインを生んだわけである。

もう一人の女戦士ジャンヌ・ド・ベルヴィル

百年戦争の初期に出現した女戦士ジャンヌ・ド・ベルヴィルは、処女でもなく神の声を聞いたわけでもない。国の大義のために戦ったのでもなかった。彼女は「復讐の女神」として戦ったのだ。

ジャンヌ・ド・ベルヴィルはヴァンデ地方の裕福な領主の一人娘で国一番の美女といわれていた。非常に若くして結婚したが、すぐに未亡人になってしまった。

オリヴィエ・ド・クリソンは、ジャンヌが一三三〇年に再婚した南ブルターニュの領主である。物心つかぬうちの最初の結婚とはちがって、ジャンヌは活動的で勇敢な騎士である二度目の夫に最初から夢中になった。子供もできてアヌボンの城で幸せに暮らしていたところに、一三三九年、百年戦争が始まった。一一世紀にフランス王の封建臣下であるノルマンディ公ウィリアムが征服王としてイギリス王になった時から、両国の関係は危険をはらんでいた。フランス内のイギリス所領やスコットランドが紛争の対象になっていたのだが、百年戦争が始まると、ジャンヌの住んでいたブルターニュ公国に緊張が高まった。イギリス王の擁護するモンフォール公と、フランス王の甥シャルル・ド・ブロワとが公国の継承を争うことになったのだ。

イギリス軍が上陸した。海戦ではフランス軍が不利だった。一三四二年にブルターニュのヴァンヌがイギリス軍に占領された時、ジャンヌの夫オリヴィエ・ド・クリソンは、シャルル・ド・ブロワ側で戦い、もう一人の騎士エルヴェ・ド・レオンと共に捕虜になる。この時シャルル・ド・ブロワ側にイギリスの騎士が一人捕虜になっていたので、イギリス王は捕虜交換のためにオリヴィエ・ド・クリソンを解放し、もう一人のエルヴェ・ド・レオンの方はイギリスに連れて行った。

オリヴィエ・ド・クリソンはアヌボンの城に戻り、家族は再会して幸運を喜んだ。ところが、翌年の夏に、武術大会のためパリに赴いた時、彼はフランス王フィリップ六世の命令で逮捕され投獄された。イギリス王のスパイ活動をしているという噂の犠牲になったのだ。オリヴィエはどんな裁判も受けることなく、パリのレ・アルで打ち首になった。彼の体は脇から吊られてさらしものとなり、首はナントに送られた。武術大会に出発した頼もしい夫が、変わり果てた姿で戻ってきたのだ。ジャンヌの受けた衝撃は大きい。ジャンヌは幼い二人の子の手を引いて、町を取り巻く城壁にあるソヴトゥ門に掛けられた木籠の中に晒《さら》された夫の首を見せ、復讐を誓った。

フィリップ六世は、元来疑り深い性質のうえに、戦いにおいて諸侯が裏切るのではないかという強迫観念のうちに生きていた。奸臣による密告などにも容易に影響された。ブルターニュの諸侯の動向は不安の種となり、オリヴィエ・ド・クリソンの後も、同年の一一月に一〇人の領主を裏切りの罪で処刑している。しかし、まだまだ騎士道の精神が生きていたこの時代、硬派の騎士であるオリヴィエ・ド・クリソンが「裏切り」などをするはずがないというのが当時でも一般の見解だった。騎士の誇りを重んじたオリヴィエが裁判もなしに処刑された無念を思うと、ジャンヌの悲しみは怒りへと変わった。

アヌボンの近くには、イギリス派の諸侯が多い。ジャンヌは、事情を話して、軍を組織した。金を出せば簡単に傭兵を雇える時代だった。フランス王に対して戦うよう手配しただけではない。自ら先頭に立って部隊を率いた。フランス王派の諸侯の勢力下にある、町や村や城塞を次々に攻めた。騎士同士には騎士道もあったし、捕虜になった貴族は身代金を目当てに丁重に保護されるとはいえ、傭兵軍の多くはモラルが低く、占領地は焼かれ、略奪され、人々は虐殺されるという残酷な時代の戦争だ。ジャンヌの部隊も例外ではなく、いやいっそう徹底した容赦ない攻撃で名を馳《は》せた。

海賊ジャンヌ

しかし、陰謀や裏切りで諸侯の派閥が目まぐるしく変わるうえに、激戦の緊張が間歇的にしかやってこない百年戦争においては、ジャンヌの飽くことのない復讐のエネルギーは完全燃焼できなかった。彼女は、陸戦を捨てて海賊になる道を選ぶ。海賊になれば宗教上の祝日や外交に基づいた休戦を無視することができるからだ。英仏海峡には船の行き来が多く、海賊は猛威を振るっていた。冒険心から海賊になる者、一獲千金のため海賊になる者がほとんどで、愛する男について海賊船に乗り込む女もまれにはいた。しかし、復讐のため、フランス王に打撃を与えるためにだけ海賊になったのはジャンヌぐらいのものだろう。

船の調達のためにジャンヌはイギリス王に直接掛け合った。すでに戦績があるとはいえ、海戦の経験がなく、まして女であるジャンヌに、イギリス王は船を三隻与えた。この事実だけでも、すでに彼女の「復讐の女神」としての評判が高かったことがわかるだろう。強い復讐心は強い信仰にも似ている。保身を考えず、自己を放棄した者のもつ強さは印象的であった。

当時は商船にも軍船にもたいした違いはなかった。ただ海賊船は身軽に動ける軽いものが選ばれたようだ。ジャンヌが夫から受け継いだ領地はもうかなり没収されていたが、その残りを売り払い、宝石類も売って資金を作り、船を武装した。乗組員候補はブルターニュの港にごろごろしていた。はるかイタリアのジェノワから陸軍や海軍に志願して従事する者もおおぜいいた。

ジャンヌの船団は英仏海峡でデビューした。先頭の船に乗り込み、真っ先に敵船に乗り込んで果敢に戦った。その勇気とパワーはすぐに伝説的となった。海の荒くれ男たちが一糸乱れず統制されていると評判だった。

ジャンヌの海賊船団による被害があまりにも大きかったので、フランス王はローマ法王クレメンス六世を通して、イギリス王に苦情を申し入れた。イギリス王はそれを無視し、ジャンヌは殺戮《さつりく》や略奪を続けた。船にはいつも二人の息子を同行させていた。

フランスの船団は、ジャンヌを捕える作戦に出た。船は囲まれてイギリス人船長は殺された。ジャンヌは夜陰に乗じて二人の息子を連れてボートで船を離れる。しかし、何日も漂流した末、ブルターニュの海岸に着いた時には、息子の一人が疲労のあまり死んでしまった。

復讐の女神ジャンヌは、夫の忘れ形見である息子を失ったことで、悪夢から覚めた。

ジャンヌは戦場から身を引いた。イギリス王のもとへ身を寄せ、イギリス王が残った息子オリヴィエの後見人となった。このオリヴィエは、後に、フランスのシャルル六世時代になってフランス軍の元帥として勇名を馳せる。父がフランス王に殉じたようにフランス側についたのである。

　ジャンヌ・ド・ベルヴィルは、イギリスの領主ベントリー伯と結婚し、一三六九年、夫を殺したフィリップ六世よりも一九年長生きしてから死んだ。

　ジャンヌ・ド・ベルヴィルは、生きているうちから伝説的存在になっていた。しかし、その息子は母が仇としたフィリップ六世の子孫のフランス王に仕えるようになった。それだけでも興味深いことだが、息子がフランス王のもとで相当な地位にまで上りつめたということは、フランス軍がジャンヌ・ド・ベルヴィルによって被った膨大な被害が、マイナス要因とはならなかったということだろう。ジャンヌは現実の勢力関係を超えて愛に殉じた復讐の女神として別格の存在、一種の「聖なる」存在であったのだろう。また、その認識が敵にも味方にもあったからこそ、部下は勢いづき、敵は恐れおののいたのだ。

　ジャンヌ・ド・ベルヴィルは、公式の聖人カレンダーには絶対載らない隠れ聖女であり、「復讐の女神」だった。古代の多神教の心性と、人間が聖人に昇格するキリスト教の聖人システムが民衆の中で合体したのだ。

　しかし、まさに、彼女のような存在の伝統があったからこそ、次の時代にジャンヌ・ダルクが登場してきた時に、その、聖女としては規格外の生涯にもかかわらず、戦いの運命を分ける「運命の女神」「勝利の女神（戦いの女神）」として人々に受け入れられたのだ。異端審問に見られるような硬化した「正統と異端」の理論だけしかない世界であれば、ジャンヌ・

ダルクが颯爽と戦場に現れた時に、あれほど劇的に味方を鼓舞し敵を畏怖させるような状況は起こらなかっただろう。

ジャンヌ・ド・ベルヴィルは人に生まれ、人に還った「復讐の女神」だったのであり、ジャンヌ・ダルクは人に生まれ、聖女になった「運命の女神」だったのだ。

戦場のジャンヌ・ダルク

ジャンヌ・ダルクは海賊でもなく荒々しくもなかったが、信念の強さと血気では一〇〇年前のジャンヌ・ド・ベルヴィルに負けなかった。といっても彼女は一度も人を殺していない、殺さないために旗をもっていたのだと述べているが、槍も使えたし、腰には剣を吊ってもいた。剣と旗を抱えた姿は、一四二九年五月オルレアン解放のニュースがパリに伝わった日に、高等法院の書記が日誌の欄外にスケッチした時、最初に歴史に現れた（一七ページ参照）。オルレアン橋にはシャルル七世が奉納した彫刻があったようだが、一六世紀の宗教戦争の時にプロテスタント軍に取り壊されてしまった。

ジャンヌの生前のいわゆる肖像画というのは皆無なのだが、一九世紀後半にナショナリズムのシンボルとして人気が高まり、無数の絵が描かれた。羊飼いの少女が神の声を聞くシーンから火刑のシーンまで、生涯の各場面がいたるところに出回り、ひところは、鎧にスカート、兜に羽飾りという奇妙なスタイルも繰り返し描かれたが、やはり、もっともナショナリズムを高揚させたのは、戦場での果敢な突撃シーンだろう。
彼女はいったいどんな戦士だったのだろう。

「神懸かりの乙女」の登場

一四二九年の早春、一七歳でシャルル七世の謁見を賜ったジャンヌは、すぐに王の信頼を勝ち取った。それでもシャルルは慎重にことを進め、ジャンヌの「乙女」という自称が真実であることを確認するために、まずジャンヌの処女性を検査させた。そのあとで「お告げ」の実態が神学的に正当なものであるかを神学者にチェックさせるために、ポワティエの高等法院に送った。三週間にわたる審問を経て、日常の態度も観察され、ジャンヌはあらゆる点で合格した。ジャンヌはようやく馬と甲冑を与えられ、執事一人、小姓二人と軍使二人を割り当てられ、念願のオルレアンへと向かった。手には百合の花を持った天使がふたりイエスを囲む特別あつらえの旗を持っていた。四月末のことである。

オルレアンはロワール河の北側にある。領主のオルレアン公は何年も前からイギリスで捕虜の身だった。町は城壁に囲まれている。北側にもいくつか砦があってイギリス軍に包囲されていたが、戦略上もっとも重要だったのはロワール河を隔てて橋の南にある橋頭堡《きょうとうほ》トゥーレルとその前のオーギュスタン砦だ。ロワールから南はシャルル七世の勢力範囲だから、このトゥーレル付近からイギリス軍を追うことができれば、オルレアンに物資を補給することも楽になるし、イギリス軍の南進をくい止めることもできる。当時のロワール河には橋が二つしかない。トゥーレルの奪還は絶対優先事であった。

船でいったんオルレアンに入ったジャンヌの一行は、すでにいた指揮官ラ・イールやオルレアン公の留守を守るバタール（私生児という意味で、オルレアン公シャルルの異母弟ジャンの通称となっていた）将軍の部隊と落ち合った。町はすでに半年も籠城《ろうじょう》に近い状態にある。しかし、血気はやるジャンヌに対して、戦いのプロたちはあくまでも慎重に構えていた。

ジャンヌは文書を口述する時も、作戦に口を出す時も、すべて神がそう望んでいるのだとつけ加えた。戦略ではなく信念だ。すぐに正面からイギリス軍を攻めたかったジャンヌは、河に沿って町に入れとバタール将軍に指示されて激昂した。バタールは、初対面の小柄な少女が怒っているのを見て戸惑った。兵糧物資を乗せた船が逆風のために立ち往生していて戦闘どころではなかった。ところが、ジャンヌが現れたとたんに風向きが都合のいい方に突然変わった。籠城状態のオルレアンの窮乏は、ひとまず救われた。これを見たバタールは、初めてジャンヌに心を動かされた。何といってもジャンヌはシャルル七世の信任を受けて兵をつれてきた隊長級の存在であり、シャルル七世の命令でポワティエの高等法院の神学者に審査されてパスしているのだから、彼女の聞いたという神のお告げも本物かもしれない。これは「効く」かもしれないと将軍たちは思い始め、その信頼感が兵士たちにも伝わった。

ジャンヌはイギリス軍に対しても、神の名において何度か高飛車に降伏を勧告した。「このフランス王国に何の権利もないイギリス人たちよ、天の王は、この私、乙女ジャンヌを通してあなたたちに砦を捨てて国へ帰るように命じている。……これが最後の勧告である」という通告の最後には、「イエス、マリア、乙女ジャンヌ」と署名した。味方に対しても臆せず、常に将としてふるまった。イギリス側はジャンヌを罵ったが、内心、前線に突然「神懸かりの乙女」が登場したことに動揺しはじめた。

旗を掲げ突撃する

将軍たちは、ある午後ジャンヌを無視してサン・ルーの砦の攻撃にかかった。それに気づいたジャンヌは小姓を叱り飛ばして軍旗を出させ、会計官の妻に助けてもらって大急ぎで甲冑を身につけた。白馬に乗ったジャンヌが戦場に駆けつけるのを見たフランス軍は、一気に士気を高めた。サン・ルーの要塞は落ち、続いてオーギュスタン砦が落ちた。

その後も、こわいもの知らずのジャンヌが旗を掲げてまっしぐらに突撃することで事情がわからぬ将兵がとにかく従って突き進み、あわてた将軍たちもフォローするために後を追うというシーンが何度か繰り返された。そのようなハプニングが、結果的に奇襲となって、橋頭堡トゥーレルに逃げ込んだイギリス兵を壊滅させることにつながった。

トゥーレルを攻める前の日にオーギュスタン砦を奪還した。将軍たちは満足して宴会を始め、次の日は兵を進めずに戦況を見ようと話し合った。速戦派のジャンヌはそれを聞いて怒り、「あなたがたにはあなたがたの作戦があるでしょう。でも私の作戦は主からくるのです」と主張した。将軍たちはジャンヌの説得を受け入れた。

次の日の攻撃は難航した。意気込んだジャンヌは、自ら砦に梯子《はしご》をかけて真っ先にのぼっていくという無謀をおかして、肩と首の間に矢を受けて落下した。ジャンヌは泣き、従軍司祭を呼び求めた。しかしオリーブ油とラードを塗って手当を受けると、決して戦列から引こうとはせず、逆に疲れた兵士たちに励ましの言葉をかけたりした。そのような健気な姿は兵や隊長の騎士道精神を刺激することになり、かえって団結心を増した。また前線という極限状態では、恐怖や絶望と、勝利への狂信は紙一重のものとなる。

トゥーレルへの攻撃は、朝から始まって、夕暮れになっても終わらず膠着《こうちゃく》した。日のあるうちに片がつかないと見た将軍はいったん兵を引き揚げようとした。ジャンヌは少し待ってくれと言い、男たちから離れて河岸の葡萄畑に入り、跪いて祈った。やがて戻ってきたジャンヌはすっかり決意した様子で軍旗を手にとった。顔を上げ、天をかっと見据えて「神がついています。砦は私たちのものです」と叫び、旗を振り回す若い娘の勇姿を前にして、シャルル七世軍が非現実的な気力を発揮したのもまんざら不思議ではない。イギリス軍の方はパニックに陥った。トゥーレルは落ち、イギリス軍の多くの兵士や将が殺されたり河に落ちて死んだ。

堂々と橋を渡って町の正門からオルレアン入城を果たすことも可能だったが、夜の間に他の砦にいるイギリス軍がやって来て再びトゥーレルを占拠することを恐れて、軍は野営をした。翌日は日曜だった。ジャンヌは主の日に敬意を表して先制攻撃を禁じた。残されたすべての砦ではイギリス軍が戦陣を組み、にらみあいが続いた。緊張した一時間が過ぎ、イギリス軍は背を見せて退却していった。オルレアンの包囲は完全に解かれたのだ。

ジャンヌたちは橋を渡って凱旋した。オルレアンの五〇〇〇の市民は教会の鐘を打ち鳴ら

オルレアンの城壁に立つジャンヌ（J・E・ルネヴ画、パリ・パンテオン蔵）

し、ジャンヌをまさに神の使者として遇した。

オルレアンの勝利は、戦術よりも心理的要因に負うところが大きかった。神の言葉を掲げ軍を率いたジャンヌの存在は、それだけでひとつの奇跡のように受け止められた。ジャンヌが擁している神よりも強い味方はいない。勝利と正義の二つを同時に保証してくれるからだ。

ジャンヌが後に魔女として火刑にされてからも、オルレアン市民のジャンヌへの評価は変わらなかった。一緒に戦ったジャンヌの男兄弟二人は、貴族になって大きな発言力を持ち続けたし、母親は、オルレアンから終身年金を受けた。トゥーレルが解放された五月八日には、今も毎年町の最大の祭りが続いている。

戴冠の行軍

緒戦のオルレアンで華々しい勝利を得たジャンヌの意気は高かった。オルレアンの劇的な勝利の噂はあっという間に広まった。王太子はあらたに一二〇〇の武装兵を繰り出した。ロワール地方にはイギリス軍の占領下にある町がまだたくさんあったからだ。しかしイギリス軍の数の多さと武器の優秀さとを知っている隊長たちは、ジャルジョーという町を前にして攻撃をためらった。

彼らの意見が分かれているのを見たジャンヌは割って入り、心配しないで攻撃をかけるように、神が導いてくれるのだから、と断言した。戦友となりジャンヌに戦い方や馬の乗り回し方を指導したタカ派のアランソン公も、未だ戦機が熟していないと感じていた。ジャンヌは「さあ、公爵さま、突撃です、疑ってはだめです、神が望んだ時が戦闘開始の時です。立ち上がりなさい、そしたら神が動き出すでしょう」とけしかけた。軍旗をもち、先頭に立って兵士たちを励ましながら、「突撃」と叫んで進んだ。その日のうちに町は解放された。

ジャンヌたちのシャルル七世軍はその後に別の町を解放したが、オルレアン以来一月以上続く戦闘にさすがに疲れが見えてきた。そこに、イギリスの大軍があらたに到着して迫っているという報告が入った。兵士たちは恐怖にかられた。

しかし、ジャンヌはまったく平気だった。「神にかけて戦わねばなりません。イギリス軍がたとえ天から降ってきたとしても私たちが勝つでしょう。彼らは私たちに罰せられるようにと神が送ってくださったのですから」というジャンヌの言葉に兵士たちは元気を取り戻した。六月一八日、パテイという村の近くで両軍は接触した。二〇〇〇人以上のイギリス兵が殺され、タルボットという有名な指揮官が捕虜にされて、降伏の印に剣をジャンヌに差し出した。フランス軍の死者はたったの三名という圧倒的な勝利であった。戦士としてのジャンヌは栄光の絶頂に上りつめた。

ジャンヌの次の目標はランスでの戴冠式だった。ランスはイギリス＝ブルゴーニュの勢力圏であるロワール以北にある。パリよりもさらに北だった。王の側近には、むやみな衝突を避けてノルマンディへ向かおうという意見もあった。ランスへ出発する決定はなかなか下りず、ジャンヌはいらだった。ジャンヌに聞こえる「声」は、「神の娘よ、行け、行け、行け、私が守っている、行け」というものだった。それを聞いた王はついに決心した。

六月二九日、戴冠のための行軍が組織された。途中で寄る各地に布告が送られた。王に随行するジャンヌのカリスマはすでに知れ渡っていたが、親英＝ブルゴーニュ派である途中の都市の市民や領主は、王を受け入れるかどうか迷った。最初の町は戦いは放棄したが、王に忠誠を誓うことについては態度を保留してトロワの町に従うと言った。

トロワの町ではとくに緊張が高まった。この町は、九年前にシャルル七世を王太子から廃嫡した屈辱的な条約の場となった町である。シャルル七世は無血開城を勧告し、過去の罪に対しては恩赦を施すと伝えた。ジャンヌも将として手紙を送った。ジャンヌは王に「三日以内に町の中にお入れいたします。愛によろうと力によろうと勇気によろうと」と言った。翌七月一〇日、トロワの司教はシャルル七世に降伏を示す町の鍵を渡し、忠誠を誓った。この儀式においてジャンヌは王の隣の席を与えられた。

ランスに近づくと、行軍は民衆をまきこんで長大なものになった。ジャンヌの故郷であるドンレミーの村の人々もやって来た。ジャンヌの洗礼親や両親も招かれていた。

緊張する王にジャンヌは「心配ありません。ランスの人々はお迎えに出るでしょう」と言った。果たして、七月一六日、ランスの町の代表者たちが王の一行を迎えにやって来た。

翌七月一七日、ランスのカテドラルでの戴冠式の間、ジャンヌは戦場で離すことのなかった軍旗を誇らしげに支えていたという。シャルル七世は額に聖油を注がれ、晴れて神の祝福するフランス王となった。戴冠式が終わった時、ジャンヌは王の前に身を投げ、両腕で王の脚を抱いて涙をこぼした。「大王さま、神の歓びがかなえられました。あなたが真の王であり、王国があなたのものであることを示すためにあなたをランスに連れて行けというのが神の思し召しだったのです」とジャンヌは言った。彼女は「神の声」に与えられた使命をついに果たしたのである。六人の男たちとともに馬に乗ってヴォクラールから王太子のもとへ向かった日から、わずか五ヵ月あまり、オルレアン解放から二ヵ月あまりしか経っていなかった。

ドンレミーの村は、ジャンヌの戦功褒賞《ほうしょう》として永代にわたって納税を免除された。ジャンヌは特別に騎士の位を与えられた。紋章は王家と同じく青の地に金の百合を配したものが与えられた。中央には王冠を戴いた抜き身の剣が描かれていた。

戦友ジル・ド・レの運命

ジャンヌが将兵たちの戦場のマスコットであったことは確かだ。彼らは若くてひたむきな少女の存在に心をなごませた。けれどもただのマスコットではなかった。神の使者である聖なるマスコットなのだ。それは彼女のアンドロギュノス性に負うところが大きい。

そんなジャンヌとの邂逅によってその後の人生に決定的な影響を受けた将兵もいた。ジル・ド・レ元帥はそんな有名な戦友の一人である。

ジル・ド・レは、西フランスに広大な所領を相続して、シャルル七世よりも富があると噂された人物だ。他の将軍に比べて若く財力もあり自軍を率いる大領主であるジル・ド・レが、ドンレミーの田舎から出てきた名もない娘と戦場で知り合った。オルレアンの解放とシャルル七世の戴冠式における功労で、ジル・ド・レとジャンヌは並び称された。ジル・ド・レは、孤独で果敢な戦士であり、オルレアンでの功績をたたえられて「フランスの元帥」というタイトルをもらった。元帥は全部で四人いて、大元帥に統率されることになっている。しかし、他の元帥のうち一人はイギリスに捕虜の身で、もう一人は王の不興をかって南フランスに追放されていた。実働できるのは二人で、しかもジル・ド・レは当時まだ二〇代の若さだった。

他にもラ・イールやレ・クサントラーユなどの豪の将軍はいたが、ジル・ド・レはその毛並みの良さと富で別扱いされていた。ランスで聖レミ僧院に王を聖別するための聖油を取りにいき、カテドラルへ運ぶ役を申しつけられたのも彼だった。

貴族たちのうちで、王家と同じ青地に金の百合の紋章を許されたのは、ジル・ド・レ以外には、戴冠式の後で貴族に叙されたジャンヌ・ダルクとその兄たちだけだった。

ジル・ド・レは武術もよくしたが、信仰心篤く、ミスティックな傾向をもっていた。素朴な信仰ではなくて、内なる熱狂を抱えるタイプだったようだ。そんな彼が戦場で、荒くれ男の間で神の声を告げる、燃えるような瞳のジャンヌ・ダルクを見た時、神秘の興奮を感じたとしても不思議ではない。男装のジャンヌ・ダルクに倒錯的な欲望を抱いたのではなくて、ミスティックな預言者である「若い男」のジャンヌ・ダルクに惚れることで、同性愛に目覚めたのかもしれない（もともと十字軍の遠征時に東方の女から病を伝染される騎士が多かったことから、騎士同士の男色は半ば公然と奨励されていた）。

とはいえ「若い男」ジャンヌ・ダルクは、実は若い男ではないのだから、実際の同性愛の対象にはならない。しかも神聖不可侵のアンドロギュノスだ。二重のタブーによって「性」は「聖」へとより刺激的に昇華した。ジルが聖母マリアを特別に崇敬していたのは知られている。サタンを足蹴にする聖処女マリアのイメージとジャンヌが、あるいは重なったのかもしれない。

神を語り戦いを語るジャンヌの陶酔、戦場で旗を掲げて突撃するジャンヌの恍惚をジルは共有した。戦場でジャンヌが負傷して赤い血を流すのも見た。死が隣りあわせになっている興奮は何物にも替えがたい。

ジル・ド・レは一六歳で同い年のカトリーヌ・ド・トゥアールと結婚しているが、ジャンヌ・ダルクと一緒に戦った後では、妻を遠ざけた。娘が一人生まれたが、妻子と別居した。

一方ジルの憧れのアンドロギュノスであるジャンヌは、異端の魔女として火刑になった。

これはジルの幻想世界を根底から覆す悲劇的な結末である。神に守られているはずのジャンヌが敗れて捕らえられた。聖母どころか魔女だという。アンドロギュノスではなくてただの女だという。ジルの「聖なる」倒錯は、行き場を失い、悪と性の深淵へとまっさかさまに堕ちていった。ジルはやがて幼児大量殺人の犯罪者となり「青髭公」「ヴァンパイア」と同一視されて猟奇犯罪の歴史に名を残した。

ジルは犯罪者として処刑された。ジャンヌとジルは、栄光の戦歴と屈辱の死という二つの共通点をもつことになったのだ。そんな二人が後世に天使と悪魔のように正反対の評価を受けるようになったのは皮肉だ。ジャンヌはフランス史の英雄になり、カトリック教会の聖女となって返り咲いたのに、ジルはジャンヌの屈辱的な刑死に殉じたかのように、道を狂わせた犯罪者となったのだ。

フランスでは、今でも、ジャンヌが処刑されさえされなければジルの犯罪はなかっただろうと痛ましげに言う人がよくある。ジャンヌとの戦場での体験があまりにも強烈であったからこそ、彼女の死によってジルは信仰とモラルの拠り所を失ったのだ。

浪費と虚無

ジルが犯罪にのめりこんだ背景には、ジャンヌを失ったのと時を同じくして自らも戦士としての立場を失ったという事情があった。ジャンヌを死に追いやったのと同じ政局の転換の影響を受けたのだ。

ジャンヌはタカ派であるアランソン公に擁されて戦っていた。ところがこのアランソン公と対立するハト派に、ラ・トレモイユというシャルル七世の侍従長がいた。ラ・トレモイユは、戴冠式の後で王に外交戦略を勧めた。ジャンヌはこれによって孤立する。ジルはこのラ・トレモイユの甥だったので、パリ攻撃が失敗に終わった後でジャンヌから離れざるを得なかった。そのラ・トレモイユが一四三三年、ジャンヌの死の二年後に失脚すると、その翌年、ジルも、軍隊から引退してしまった（元帥の称号と年金はそれまで通りである）。同じころ、後見人である祖父も死んだ。

エネルギーのやり場のなくなったジルは、富の浪費に情熱をかけるようになる。彼は、もともと神経がはりつめた繊細なディレッタントだった。華美な生活や芸術には金をかけてきている。その貴重な蔵書の偉容は遠くモスクワにまで知られ、立派な厩舎はイギリス王にまで模倣された。聖アウグスティヌスの翻訳者でもあり、フランス・ルネサンスの先駆者と評されることとすらある。ギリシャから蜂蜜を取り寄せ、アラビアから香料を取り寄せた。城には最高の芸人や吟遊詩人、音楽家、歌手をいつも集めていた。多くのオルガンを所有し、戦場にも楽士とオルガンを運んだ。宗教も芸術と同じレベルで、常に最高のものを求め、彼が設立した僧会組織の教会は、絢爛《けんらん》豪華な祭服をまとった八〇人の司祭を常に抱えていたという。自らも在俗者でありながら、ポワティエの司教座参事員のタイトルをもっていた。

ジャンヌの死後四年を経た一四三五年、ジルはオルレアンで大祝典劇を主催する。『オルレアン攻防の秘蹟劇』という長大な韻文劇は、一四〇〇人の出演者が、一週間にわたって毎回衣装を取り替えるといった贅沢さだった。オルレアンで自分とジャンヌ・ダルクが戦った「聖戦」を再現することで、ジルは過去の陶酔を再現しようとしたのだ。

しかし、ジルはどんなに贅沢をしても、血と神と、雄叫びと祈りが交錯したあの戦場の高揚を二度と味わうことができなかった。浪費が過ぎて、借金まで抱え、領地を親戚であるブルターニュ公やマレストロワ司教に売却しなくてはならなかった。財産の回復のためにジルが首を突っ込んだのは錬金術である。それが魔術や幼児誘拐につながっていった。

悔悛、そして死

ジル・ド・レの犯罪は、付近の領民が失踪した子供たちの捜索を願い出たせいで、明るみに出た。ジル・ド・レはまず宗教裁判にかけられて、背教と異端、悪魔の召喚、占い、男色と鶏姦、反逆と血の罪を理由に、破門の判決を言い渡された。彼は跪き、神の名において慈悲を願った。贖罪《しょくざい》のチャンスがほしいと懇願し、悔悛が認められた。

悔悛が認められるということは、告解を聴いてもらえるということだ。そして、告解を聴いてもらえるということは、罪の赦しをもらえるということである。

カルメル会修道士がジルの懺悔を聴いた。ジルは罪障消滅の免罪符を所望してかなえられた。聖体も拝領する。これでまた宗教共同体に戻れたのだ。宗教共同体の中では、ある意味では、人はみな等しく罪人である。けれども告解と聖体拝領によってイエスの赦しを得、永遠の生にあずかるのだとされる。この時点でジルは一種の名誉回復を果たした。犠牲者や犠牲者の親たちと同じ神の子となったのだ。

全員の感動がやまぬうちに、引き続いて世俗法廷の判決が下りた。子供殺しで絞首刑、死体は辱めのために焼かれて灰にされる。領地を処分した中から五万エキュ金貨がブルターニュ公に罰金として支払われる。

しかし、ここでも情状酌量がついた。死体は形だけいったん火に入れられるが、すぐに取り出されてしかるべき埋葬に付されるというものだ。それでこそ、悔悛の貴族の尊厳にふさわしい。処刑は翌日だった。ジル・ド・レは、両手を組んで、民衆と犠牲者の親たちに、彼を心から赦してくれること、彼の魂のために祈ってくれることを頼んだ。ジルはすでに神の名において教会から赦されているのだ。民衆に否応はない。

次に聖ヤコブと大天使ミカエルに神へのとりなしを頼む。民衆は感動しやすく、芝居がかったことに揺さぶられやすかった。多くの者は信仰深い領主の施しや恩恵にあずかったことがある。ジル・ド・レはマージナルな人間などではない。つまり、女でもなく、病気でもなく、貧乏でもない。異端ではあったが悔悛して赦しを得た。贖罪を人生の最高目的とするキリスト者の鑑だとも言える。

ジルは彼の魂の救いを祈願するために行列をしてくれと人々に頼み、司教が許可した。ジルのために祈る群衆や聖職者が大挙して行列し、十字架が掲げられ、大蠟燭《ろうそく》が灯り、香がくゆった。

もともと、町の戸主は全員処刑に立ち会うようとの触れがでている。立ち会わぬ者は罰金を科せられる。まさに祭以上の祭だ。ジルはその祭の犠牲の小羊というわけである。「悪」は完全に「聖」に反転した。

ジルは群衆を前に説教を始めた。子供を贅沢に育てるのは良くない、じっとしていると罪を犯すもとだ、美食や熱いワインも良くない、神経が興奮して罪を誘発する、というのだ。ジルの一言一句に群衆は感動した。彼の話術が優れていたというよりも、彼は自分で自分の話していることを信じきっていて、その熱っぽさ、真摯さが人々に伝染したのだろう。領主としての権威もまだそのまま生きていた。そして、話の継ぎ目には、ジルはまた真剣に神の赦しを請うて滔々《とうとう》と祈るのだった。

人々は感動し、興奮して泣いた。ジルは堂々と処刑され、婦人たちに世話されて、カルメル会のチャペルに手厚く埋葬された。ジャンヌ・ダルクが魔女の扱いを受けて死に、灰をセーヌに流されたのに、ジル・ド・レは劇的な悔悛をしたと認められて聖人のように葬られたわけである。彼の処刑場跡にも小さなチャペルが建ち、巡礼地となった。乳母や母親たちが安産や乳飲み子の健康を祈って「乳を出す良き聖処女」に頼む場所となったという。ジルの果たした価値の転換の魔術は、その死後にまで影響を与えたわけである。

一九世紀後半のジャンヌ・ダルクのブームと同時に、ジル・ド・レも歴史の闇の中から再び表に出された。ジャンヌ・ダルクの人気と共に、「ジャンヌとジル」という語呂のよさも手伝って、運命に翻弄された悲劇の美男美女というロマネスクな見方すら生まれた。ジル・ド・レの人生にジャンヌ・ダルクが関わったがゆえに、ジルの犯罪までもが不思議なダンディズムと非現実的な敬虔さを通して見られるようになったのである。

ジャンヌ・ダルクの復権裁判にちなんで、一九九二年には、ジル・ド・レ復権裁判という擬似裁判まで開催された。戦場のジャンヌが騎士たちにもたらした強烈な影響は、いろいろな形で今も続いているのである。

ジル・ド・レの処刑（フランス国立図書館蔵）

戦場と女性

もともと男装で戦う女性ということ自体が独特のオーラをもっている。もちろんオーラを発揮するためには、普通の兵士よりも強いか勇ましいということが絶対条件だ。それは古今東西変わらぬ幻想で、唐代伝奇小説に発して、文康の『児女英雄伝』で黒驢《こくろ》に乗った怪女子が若様を助ける「女俠」の伝統から、手塚治虫の『リボンの騎士』や池田理代子の『ベルサイユのばら』に至るまで変わらない。単なる外見の仮装や変装ではなくて、「男」であることと、「攻撃力」ということとが連結している「戦い」の場面だからこそである。

そのせいで、ジャンヌ・ダルクを精神分析学的に考察して、女の「戦士」姿はすなわち男性器願望なのだと解釈する者が必ず出てくる。ジャンヌの持つ旗や槍はペニスであり、自らを貫く潜在的な欲望であるとか、彼女が女性として性的不適応であるために男たちを支配することを必要とするのだという考えだ。このような解釈によると、男たちの方は、ジャンヌに支配されて自我を抹殺されたことに復讐するためにジャンヌを葬らねばならなかったという。

また、たとえそのような男性器願望の女ではないと仮定しても、女の性そのものが何らかの形で男の死に責任があるという考え方もある。シェイクスピアは「処女ジャンヌはオルレアンの売春婦」だと書いたが、実際、イギリス側は、オルレアンでの敗北の原因がジャンヌ・ダルクにあると本気で信じていた。女であるジャンヌが戦線に出てきたというそれだけの原因で将兵の命が失われたというわけである。

処女売春婦であろうと、男性器願望の倒錯者であろうと、彼女が男たちの秩序を惑乱させる「他者」であったことは確かだ。彼女が神の使者だと自称していたことには、その意味で説得力があったのだ。だから男たちはジャンヌを通して、異界の他者である神そのものに復讐したのかもしれない。

聖なる戦士

ところで、そもそも「聖なる戦士」とは何だろうか。「殺すなかれ」と言っているはずの宗教で、男や女にかかわらず聖なる戦士というテーマが成り立ち得るのだろうか。

ジャンヌ・ダルクは、「お告げ」をもたらして彼女に戦士への道をとらせたのは大天使や有名聖女だったと証言している。これらの天使や聖女は、平和なイメージでジャンヌの前に現れてきたのではなかった。剣を与えたのは聖女カトリーヌ（カタリナ）だと言われていて、ジャンヌはこの聖女の指示に従って、ある教会の祭壇のうしろから古い剣を見つけてお守りのように身につけたのだ。

鎧をつけたジャンヌ（1451年のミニアチュール）

聖女カタリナはキリスト教初期の殉教処女で、中世には大人気だった。この聖女が死ぬ前に、彼女の名においてなされる祈願はすべてかなえてやると神が言ったとされていたか

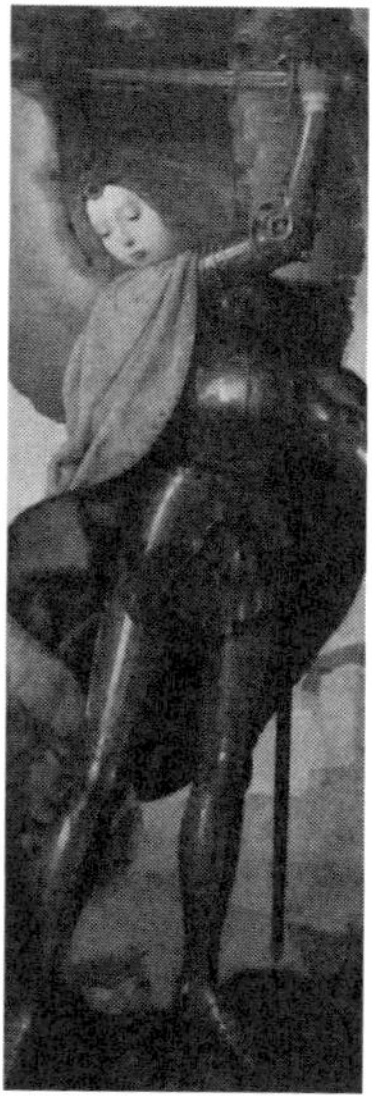

大天使ミカエル（サラマンカ大聖堂の祭壇画より）

らだ（この聖女の公式礼拝は歴史的根拠のない民間信仰だとして、カトリックの近代化のために一九六五年に取り消されてしまった。しかし今でも民間では独身女性の守護聖女として根強く残っている）。

つまりそのような立派な聖女も、ジャンヌという少女に武器を与えることをためらわなかったというわけだ。

大天使はといえば、無性的あるいは両性具有的という意味では、聖女たちよりももっと戦士ジャンヌに近かった。ジャンヌは大天使のガブリエルとミカエルを見たといっている。ガブリエルは聖処女マリアにイエスの受胎を告げた「お告げ」専門の大天使だ。イコノグラフィーのうえでは、はじめは髭のない若い男の姿で描かれていたのだが、一四世紀頃には、なぜか長衣を着た女性の姿へとシフトしていった。これが一七世紀まで続いたということは、天使の性が人々の心性の中で容易に転換し得ることを示している（聖母子を囲む天使は特に、女性の姿で描かれる方が多い）。

ミカエルの方は、「神の剣」を持って天使の軍団を率いる「戦士」そのものだった。ミカエルの敵とは、堕落して悪魔になった堕天使たちだ。ミカエルは、もと七〇人もいたイスラエルの守護天使の中で唯一堕落せずに残ったとも言われている。黙示録に出てくるドラゴンを相手に戦うのもミカエルで、甲冑に身を固めてドラゴンに剣を突き立てている図が代表的だ。武器や騎士の守護天使でもある。騎士という身分や戦争に宗教的な意味を付与する時には欠かせないキャラクターなのだ。

けれども、このミカエルも天使であるから、荒々しい戦士のイメージではなく無性的な雰囲気を持っている。髪を肩まで垂らして白面に唇紅く、翼を孔雀《くじゃく》のように掲げて細身の体で優雅に剣を持ち上げる図像などには、ジャンヌ・ダルクと見まがうばかりのものもある。こんな姿をもつミカエルに導かれたというのであるから、ジャンヌが自分も武装するのだと決心したことも不思議ではないだろう。聖処女戦士の登場は、戦う天使の伝統に直結していたのだ。

戦士姿の聖人たち

戦士の姿をしたキリスト教の有名聖人を他にも見てみよう。三世紀から四世紀にかけての聖ジョルジュ、同じ頃の聖セバスティアン、聖モーリス、四世紀の聖マルタンなどだ。といっても、彼らが戦士の姿をしているのは、べつに教敵を倒すために武器をとったからではなくて、もともとローマ軍の兵士だったからだ。むしろ、軍の定年後に宗教活動に入った聖マルタン以外は、キリスト教を信じるようになってから兵士生活を捨てようとしている。

その中で、後の民間信仰の中で戦士としてもっとも人気を博したのは聖ジョルジュだ。湖の主であるドラゴンが毎日生贄を要求して人々を困らせているところにやって来て、十字を切ってからドラゴンを退治したという伝説（といってもこの話は一一世紀頃に成立したに過ぎないようだ）のヒーローとして、騎馬でケープを翻した勇ましい姿で描かれる。実際の聖ジョルジュは、キリスト教迫害のもとで七年間も拷問を受けた末に、首を切られて殉教したといわれる。

聖セバスティアンも殉教者だ。本人は木に縛りつけられて矢を射られるという目にあったのに、その連想から、射手や兵士の守護聖人になってしまった。

聖モーリスはローマ軍の軍団の隊長だったが、軍団全部をキリスト教に改宗させてしまった。彼らは、ローマの軍神を礼拝することを拒否して武器を捨て、皇帝軍に全滅させられた。

聖マルタンは軍隊を定年まで勤めてから隠遁生活と宣教生活に入った。兵士時代に、北フランスで寒さに震える乞食に出会い、マントを半分（半分は軍のもので半分が自分のものだと考えられていた）に切って与えたというエピソードが有名だ。夜になってそのマントを着たイエスが彼のもとに現れ、マルタンは洗礼を受ける決心をしたという。

同性愛の幻想

このように、戦士姿の聖人は多くないし、戦ったことが直接聖性につながったわけでもない。この「戦士聖人」の系譜に輝かしく加わるのがジャンヌ・ダルクだというわけだ。神のために戦うという点でも、無性的あるいは中性的という点でも、ジャンヌは他の聖人の伝統よりも大天使ミカエルの方により近いと言えるだろう。ジャンヌが自分のことを常に「乙女ジャンヌ」と称したのは、このアンドロギュノス性をはからずも強調した。また性の対象とならぬ故に聖性を付与された「巫女」の伝統にもつながっている。

もっとも、他の戦士聖人たちも、初めのうちは髭面のものもあったが、聖セバスティアンに代表されるように次第に若い美青年として描かれる傾向にあった。「戦士」という性格と神の慈愛とを併せもつことの矛盾を緩和するためだったのかもしれない。「戦士聖人」が美青年になっていくこの傾向の中で、ある種の人々は「戦士聖人」に対して同性愛の幻想すら抱くようになっていった。

男装のジャンヌ・ダルクも、美青年と見立てられて戦場の同性愛者たちを惹きつけたことがある。戦場のジャンヌに対して、兵士たちは男が女にもつ感情を抱いたことはあまりなかったと証言している。ジャンヌの実の兄弟が二人（オルレアンの時点では一人）付き添っていたということがあるし、巫女的存在に対する畏怖もあっただろう。また、今よりずっと栄養事情も悪く、したがって発育も悪い中世においては、第二次性徴の発現も遅く、軍隊にいる若い男たちとジャンヌの外見はあまり変わらなかったのかもしれない。平均寿命も短かったし、戦場にはまだ一〇代でアンドロギュノス風の騎士（特に傭兵ではなくて貴族の子弟）がおおぜいいたと思われる。ジャンヌの一七歳という若さも決して例外ではなかったのだ。

これらの一〇代の騎士たちに混じったジャンヌの少年的な新鮮さは、際立っていただろう。同性愛者たちを惹きつけても不思議はない。前述した貴族ジル・ド・レは、そんな魅力につかまって人生を狂わせた例である。

言い換えると、戦場のジャンヌ・ダルクは決して、危険な狼の群れの中の哀れな仔羊という立場ではなかった。無性的な巫女、または、少年に変身したのであり、性的には同性愛者のみを惹きつけたのではないかと思われる。

錬金術的なメタモルフォーゼ

ここで話を別の視点から見てみよう。

女性が「戦士」になることによって単なる「男装」を超えて「男」に変身するという考え方は、錬金術的なメタモルフォーゼの概念の影響でもある。

ルネサンスと共に盛んになりつつあったオカルティズムの錬金術では、「変成」は合一でもある。対立するものの合一が全きものを生むわけで、太陽と月の合一などのアレゴリーがあった。それは、「男の魂が女の肉体の中に具現される」と表現されることもあり、ジャンヌ・ダルクも、変身した「全き男」（アンドロギュノスでもあり、原初の人間のイメージでもある）として君臨したのではなかっただろうか。だから、ジャンヌを将に頂いた兵士たちの混乱も、たとえば、現代の職場で、女性を上司に頂くことになった男たちの受けるジェンダーの混乱というものとはまったく異なるものだった。

また、先に述べたジャンヌ・ド・ベルヴィルのように、女性が戦士として戦場で活躍する例はあった。ジャンヌ・ダルクの死後、偽ジャンヌ事件が何度かあったが、その一人はパリの法廷で詐称を自白した。ジャンヌが死んで九年後の一四四〇年のことだ。この女性はある騎士の妻で二人の息子もいたのだが、両親と暴力沙汰を起こし、その赦しを法王に請うためにローマへ旅することになった。旅の安全のために男装したが、イタリアで兵士として戦争に加わった。そこで二度敵を殺したという。その後パリへ戻ったが、戦士の姿を続けて、本格的に別の軍隊にも加わったようだ。そのうちに、火刑から逃れて生き延びたジャンヌ・ダルクだと称することを思いついたらしく、オルレアンに行って歓待され、パリでも運を試そうとして失敗したというわけだ。この人は、ジャンヌ・ダルクになりすまそうとしたぐらいだから、別に本物の「男」だと思われていたわけではないのだろう。しかし無事に戦場を渡り歩いたということは、「男装」によって「戦士」としての記号を認められていたと解釈すべきだ。

旅の安全のための男装にしたところで、女であると見破られるとたちまち男の性的な対象になるというようなものではなくて、衣装による「男」への変身が機能したのではないだろうか。つまり「異装」によって「異界」へ入り、創造の秩序を侵すタブー領域に入ったことによって安全が保障されたのだ。

この時代には、同じフランスのコルビィの聖女コレットのように、驢馬《ろば》に乗って戦場を横切って国中をまわり、戦士たちからも恐れられた修道女も出ている。つまり、修道女という服装による記号も、聖なる世界の領域に属するものとして、性的対象外になった。その意味では修道女の装いも、ジャンヌの男装も同じ文脈でとらえることができる。モラルの問題ではない。性的にはこの世にもはや属さない者を前にした時に、人々が神の怒りを恐れる心性が、彼女らを神聖不可侵な存在に祀り上げたのだろう。だからこそ、その敬遠が、境を一歩越えると、魔女への恐れともなり、異端の裁きともなったのだ。

ランスの戴冠式での栄光の後、いくつかの戦闘を経て、北フランスで捕らえられてからのジャンヌ・ダルクの運命は、それを象徴している。次章では、ジャンヌの試練と死の様子を追いながら、最終的な「異端」の決め手とされた「男装」の意味をより掘り下げるとともに、「異端」のジャンヌが刑死によって逆に聖性を獲得したパラドクスについて考察してみよう。

第５章　ジャンヌの最期

消えた「声」

シャルル七世の戴冠式の後から、ジャンヌの運命の歯車が少しずつきしみ始めた。聖別された王として自信を取り戻し、諸侯の信任も得るようになったシャルル七世は、戦いの続行よりもブルゴーニュ公との講和を望んだ。

ブルゴーニュ公は戴冠式にも出席せず、さしあたってはシャルルに臣下の礼をとるつもりもなかった。ランスにいた使者を通して王に一五日間の休戦を申し出た。王はこれを受諾した。この一五日は大きな意味をもっていた。ジャンヌをはじめとする軍部は、戴冠式の勢いでそのままパリ奪還に向かうことを計画していたからである。

パリはブルゴーニュ公の支配下にあった。フランス＝イギリス王を名乗るヘンリー六世の摂政ベッドフォードは、自分の妻の兄に当たるブルゴーニュ公を、パリの執政官に任命していたのだ。ブルゴーニュ公はシャルル七世が休戦に応じてくれればひとまずイギリスと手を切ることを匂わせた。シャルルはブルゴーニュ公がイギリスと離反することで首都を平和のうちに奪還できると考えた。過去に先代のブルゴーニュ公の暗殺にかかわってしまった負い目と、もとは親戚であるフランス人同士への期待感があって、消極的な政策を選んだのだ。

しかし、ブルゴーニュ公はパリを明け渡すつもりはなく、時間稼ぎを目論んでいただけだった。イギリスの援軍を待ち、シャルル軍の士気をくじくことが狙いであった。実際、この一五日の休戦をきっかけに、シャルル七世はハト派外交へと路線を変更してしまった。

ジャンヌはといえば、相変わらずの強気でブルゴーニュ公に降伏勧告を送ったりしていたが、それまで定期的に聞こえていた肝心の「お告げ」がなくなってしまった。オルレアンを解放せよ、王太子をランスで戴冠させよという具体的な「声」の指示は短期間で実現させたものの、イギリス軍をフランスから追放せよという次のステップへのはっきりした指示はもう聞こえてこなかった。

イギリス軍も目下は態勢の立て直しにかかって前面に出ていない。けれどもジャンヌは波に乗った気分だったし、今や立派な将としての地位も得、二〇〇人の兵士が配属された。忠実な取り巻きの騎士もいる。シャルル七世のとった消極的な政治工作などに満足するわけがなかった。戦いの興奮というのは、宗教の興奮とからんだ時には、そう簡単に冷めるものではない。タカ派の騎士たちがジャンヌを煽ったということもあるだろう。

王冠を戴いても、首都に入れないのでは真の国王とはいえない。王がぐずぐずしている間、いまだブルゴーニュ公の支配下にある首都パリの奪還のために、ジャンヌはアランソン公やジル・ド・レたちと出陣した。この頃「乙女ジャンヌ」の勇名はイギリス人に知れ渡っていた。途上にいたイギリス軍はジャンヌの軍の姿を見ると戦いを避けて道を譲った。しかし、一五日の休戦とそれに続くシャルル七世のためらいのせいで、ジャンヌたちは戦機を逸した形になった。すでに戴冠式から二ヵ月近く経っていた。パリに着いたのは九月八日のことである。

パリの町は、堅固な城壁と堀とに守られている。ジャンヌは堂々と前面に出て、「イエスの名において降伏しなさい。夕方までに降伏しない時は、我々は力ずくで討ち入って容赦なく殺戮します」と叫んだといわれる。最初の攻撃で、ジャンヌは脚に矢を受けて負傷した。オルレアン以来行動をともにした小姓の一人も戦死した。パリの町の守りはびくともしなかった。

ジャンヌのパリ攻撃の失敗の後で、シャルル七世は待っていたかのように軍隊を解散した。九月二一日のことだ。これには外交路線に切り替えるという政策的な理由のほかに経済的な理由もあった。また、ジャンヌを擁する騎士とハト派の騎士との間の勢力争いも関係していた。アランソン公と対立する侍従長のラ・トレモイユが、アランソン公や甥のジル・ド・レをジャンヌから引き離そうと画策したのだ。

シャルル七世はロワール河畔にいったん引き揚げ、ジャンヌもそれについてブルジュで三週間過ごした。

ジャンヌは「戦友」たちと別れ別れになった。その後でいまや貴族となっている兄たちとともに自分の兵を率いて、小規模な戦闘に参加した。ジャンヌは少数の手勢とともに、別の将に率いられる軍隊と行動をともにしたのだが、いつも四、五人の男たちのみ従えて、城塞の側の前線に留まっていた。サン・ピエール・ル・ムティエという町では、突撃命令が早すぎて、敵の反撃が大きく、軍は退却を決定して、ジャンヌに伝令を送った。しかしジャンヌは聞かず、突撃用の櫓《やぐら》を組むように叫び、兵を煽りたてて、一気に城に侵入させてしまった。町は降伏し、ジャンヌの将兵は奇跡を見たように興奮した。しかしその後のもっと重要なラ・シャリテという町の奪還は、手勢の少なさの故に失敗に終わった。外交派に政策を転換していたシャルル七世は、兵力増強の援助もせず、ジャンヌらは、事実上孤立し、見捨てられた状況に陥った。

冬が来て、ジャンヌは、オルレアンの町に招かれた以外はロワールのシュリー城で鬱々と過ごした。

捕虜になったジャンヌ

こうして一四三〇年になった。イギリス側は陣容をたてなおしてあらたに上陸してきた。イギリス王はブルゴーニュ公にあらたな領地を約束したので、ブルゴーニュ公もまた、戴冠式以来広まったシャルル七世の勢力を崩すことに熱心になった。各地の都市で攻防が繰り広げられ、ジャンヌはじっとしていられなくなった。

王はジャンヌが合流すべき軍隊をもう指示しなかった。けれどもジャンヌには騎士としての収入がある。彼女はその金で傭兵を調達し、自軍を率いて三月にシュリー城を後にした。各地に軍資や武器の調達を請う手紙を出し、ジャンヌに恩があるオルレアンの町などは実際に大砲を貸したり、兵士を送ったりもした。

彼女のとる道を示して導いてくれる「声」は聞こえなかったが、ある日の祈りの中で、自分が夏までには囚われの身になるだろうという啓示を得た。それでもジャンヌはひるまなかった。

シャルル七世派の町では、ジャンヌは救国の聖女のように扱われた。ラニイという町では、洗礼を受けずに死んだ赤ん坊のために祈ってくれと女たちに頼まれ、ジャンヌの祈りで赤ん坊が息を吹き返したという言い伝えが残っている。

パリの北方オワーズ川のほとりにあるコンピエーニュも、ブルゴーニュ軍とシャルル七世軍の衝突地域の一つだった。一四三〇年五月、ジャンヌはコンピエーニュに駆けつけたが、外の地域からやって来たブルゴーニュの援軍に囲まれる形に追い込まれた。ジャンヌは服をつかまれて馬からひきずり落とされて捕虜になった。近くにいたブルゴーニュ公フィリップは自ら現地にやって来て、ジャンヌを捕らえたことを知らせるために全都市に使者を送った。

この時点のジャンヌは、王から見るとすでに政策から逸脱した用済みの跳ね返り分子に近かったが、敵側から見ると、士気回復におおいに役立つ、まだまだ大きな存在であったというわけだ。

ジャンヌは、ブルゴーニュ派の騎士ジャン・ド・リュクサンブールの捕虜となった。はじめは貴族捕虜としての待遇を受けていたが、やがて兄や副官と離されて、城内の牢獄に移される。脱走しないという宣誓を拒絶したからだ。この後の宗教裁判の時も、ジャンヌはおよそ「宣誓」というものをことごとく拒絶することによって自分の立場を悪くしている。「自分の神」にしか誓わないという態度が、異端という疑いに根拠を与えることになった。

ジャンヌは実際に脱走を企てた。最初は見張りを中庭に閉じ込めて逃亡を図り、門番に見つかった。その後で塔に移された時は、窓からシーツをつなぎあわせて降りようとして失敗し、堀に落ちて気絶した。

しかし、ジャンヌはここで、一時期ではあったものの、身の周りの世話に当たった女たちの共感を得ることに成功している。特に、城主であるジャン・ド・リュクサンブールの伯母は、ジャンヌの純粋さに惹かれた。戦場にいない時のジャンヌは静かな素直な少女で、真摯な祈りに何時間も費やした。城の司祭の挙げるミサにもあずかっていた。男装は押し通したようだが、そのことも女たちを敬遠させたわけではなく、むしろアンドロギュノスへの聖性に一目おかせる結果となった。ジャンヌの男装は、この時点ではまだ非現実的な一種の記号として機能していたのだ。彼女から男装を取り上げることで両性具有の神を引きずり降ろしてただの女にしようという試みは、だれからもなされなかった。この伯母は、ジャン・ド・リュクサンブールがジャンヌをイギリス軍に引き渡すなら、甥を勘当するとまで言った。ジャン・ド・リュクサンブールの方も、シャルル七世がジャンヌの身代金を払って引き取ってくれた方が楽だったかもしれない。

ルーアンへ

しかし、シャルル七世は、助けの手を差し伸べなかった。一方、イギリス側は、ブルゴーニュ派であるボーヴェ司教コーション（ジャンヌが捕らわれたコンピエーニュはボーヴェ司教領内にある）を間にたてて、ジャンヌの身柄と交換に一万リーヴルの身代金を払った（一リーヴルは五〇〇グラムの銀貨に相当した）。一二月のことである。コーション司教は過去にシャルル七世を廃嫡したトロワ条約の立役者の一人であり、リュクサンブール公との折衝とジャンヌの断罪を請け負うことで、イギリス王から七六五五リーヴルを受け取っていた。

ジャンヌにとって運が悪かったのは、ジャンヌをかばっていたジャン・ド・リュクサンブールの伯母までが、九月にアヴィニヨンに巡礼に行った先で病を得て死んでしまったことだ。彼女の味方はもういなかった。

しかしジャンヌの姿勢は変わらなかった。あるブルゴーニュ派の騎士とは、幽閉中に次のように言葉を交わしている。「イギリスが私を殺そうとしているのはわかっています。彼らは私が死んだらフランスを自分のものにできると思っているのです。でも、たとえ彼らが今よりも一〇万人増えたって、フランスを手に入れることはできないでしょう」という言葉を覚えていた騎士は、二五年後の復権裁判でそれを証言した。

ブルゴーニュ派の占めているパリ大学神学部の大審問官は、イギリス王の命を受けたコーション司教の要請で、ジャンヌに関する異端審問の開催を認めた。一四三〇年一一月のことだ。ジャンヌはイギリス占領下のノルマンディのルーアンに移され、イギリス軍の城の牢に入れられた。ルーアンは、その後二〇年間もイギリス側の拠点であり続けた要地である。ジャンヌはルーアンで、コーション司教、パリ大学の派遣した異端審問官、イギリス王によって任命されたルーアンの宗教参事会のメンバーによって裁かれることになった。助かる見込みは最初からなかった。

ジャンヌはルーアンの城の中の、八段の階段によって孤立している一部屋に閉じ込められた。足は鎖で重りにつながれていた。五人のイギリス兵が番人となり、ジャンヌに憎悪をあらわにして罵詈雑言を浴びせかけたので、司教は彼らがジャンヌに話すことを禁じなければならなかった。

異端審問で裁かれる者が世俗の牢獄に入れられることは違法であり、女性が男性の番人によって見張られるということも違法であった（この二点は後の復権裁判において取り上げられ、裁判無効の根拠のうちに数えられた）。

異端審問

ジャンヌにとって、異端審問官に尋問されるのは初めてではなかった。二年前、前にも述べたようにオルレアンに進軍する前に、シャルル七世の命令によってポワティエの高等法院でも審査を受けている。この時にはもちろんジャンヌが正統である方が望ましいという王の意向が入っているわけだが、それにしても僅か一七歳の田舎の少女が、老獪な神学者や聖職者を前にして、主張の破綻をきたすこともなくがんばったのだ。

しかし、ルーアンでは、ジャンヌを魔女として火刑台に送ること（それによってイギリス軍の恐怖を取り除き、ひいてはシャルル七世の戴冠そのものの妥当性を覆そうという狙いだった）がイギリス側からの至上命令だから、審問官が最初から威圧的なのは当然だった。それでも、この種の異端審問の形式は決まっているから、ポワティエでの質問と同じような質問が何度もあった。ジャンヌにとってはポワティエの神学者もルーアンの神学者も同じだから、質問の繰り返しを不当だと思ったらしく、「それはもうポワティエで答えました。ポワティエの書類を見てください」と繰り返している。不思議なことにこのポワティエの審問記録は残っていない。二五年を経たジャンヌの復権裁判における関係者の証言から一部をうかがい知ることができるだけだ。

ジャンヌは、すべて真実を語るという宣誓も拒絶した。「お告げ」の中には秘密だとされているものもあり、すべてを語るわけにはいかなかったからだ。連日一〇時間近く続く尋問に、ジャンヌは素朴な力強さで耐えた。通常の異端審問で認められているはずの弁護人もつけられなかったが、驚くべき聡明さで堂々と対応した。

審問には、何十人もの神学者や政治家が、アドヴァイザー（意見は述べられるが判決権がない）という資格で出席していて、ジャンヌに質問を浴びせた。「神のお恵みを受けていると思うかね」という誘導尋問に対して、「もしそうなら神が私をそのままにしておいてくださいますように。もしそうでないならお恵みを与えてくださるように、なぜなら、神さまの愛の中にいられないなら死んだ方がましだからです」と答えた時には、その真摯さに心を打たれた審問官たちは静まり返って、その日の審問を打ち止めにしたほどだった。

ジャンヌを異端とする決め手はなかった。彼女は「教会」に反抗する気持ちなどなかった。「すべては声に従って行動したけれど、声は教会に反抗しろなどといっていない。まず神が第一だけれど神と教会はひとつのものだ」とジャンヌは言い、模範的な敬虔さを示した。

死刑の根拠

処女性の検査が再び行われた。ブルゴーニュ公の妹でイギリス王の摂政ベッドフォード公夫人がその任に当たり、ジャンヌが処女であることを確認した。夫人は兵士にジャンヌを犯してはならないと申し渡した。多くの者がジャンヌの聡明さに感嘆し純粋さに心打たれた。

しかし異端審問の費用はイギリスが出していた。初めから死刑以外の結論はない。業を煮やしたコーション司教は、ありとあらゆる方法でジャンヌの非を立証するよう策を巡らした。尋問の場所もルーアンの城のチャペルでの公開のものから牢獄内へと移された。

結局、ジャンヌの異端の根拠として使えるものとして残ったのは、宣誓の拒絶、男装などだけだった。しかも、死刑にするにはただの異端だけでは弱かった。キリスト教には悔悛と免罪というシステムがあるから、死刑を確定するには異端の認定だけでは十分ではない。いったん異端を認めさせて悔悛させ、その後でもう一度罪を犯させる必要があった。

誰ひとり味方のいない孤立無援の状態で、捕らえられ、辱められ、一九歳の娘はよくがんばった。

しかし拷問にかけると脅されたり、火刑にすると脅されたりしたのに加えて、食あたりで病気にもなり、身も心も疲れ果てたジャンヌはついに、悔悛の宣誓書に署名する。一四三一年五月二四日のことだ。ジャンヌは、もう二度と武器を手にしません、二度と男装しませんなどという条項を読み上げられては繰り返して唱えさせられた。その後でサインをさせられる。

なぜ神に従ったことが教会に反抗することにされるのか、ジャンヌにはよくわからなかった。けれどもジャンヌは、司教や大司教に敬意を抱いている。破門する、すなわち聖体パンをもうもらえない、地獄に堕ちるのだと決めつけられては、教会への服従を認めざるを得なかった。問題とされた男装は、もともと馬に乗るために貸与されたものだった。またその後の戦場生活や牢獄生活では必需品だった。牢獄では甲冑こそつけていないが、胸をすっかりおおって後ろでとめるようになっている袖つきの胴衣と、脚にぴったりした厚いタイツのようなものが、「男装」だった。

ジャンヌは女の服を着るように申し渡された。ところが、これで少しは自由の身にしてやると言われて悔悛を宣誓したつもりが、実際は、鎖に縛られて一生を独房で過ごし、水とパンのみを与えられるという判決だった。

実はジャンヌが署名させられた宣誓書には、ミサにも出席できるという約束も守られなかったのだ。それによると、ジャンヌは神の声を聞くという嘘をついたことを認めたことになっていた。教会に反抗し、悪魔に従ったかのように書かれていた。この事実は、後の復権裁判の時に明らかにされ、異端審問の無効性の根拠のひとつとなった。

ジャンヌは身に起こったことが理解できず、怒り、後悔した。

しかも、長いワンピースを着せられたジャンヌは牢番に暴力をふるわれるようになった。イギリス貴族に襲われそうになったこともある。ジャンヌは身を守るために男の服を再び所望し、身につけた。わずか三日後のことだ。それはコーション司教の思うつぼでもあったので、司教はジャンヌに男の服を渡すことを見逃した。一度「悔悛」してからの不服従は「戻り異端」であり、問答無用で死刑に処することができるからだ。イギリス軍はジャンヌの死を望んでいるのだ。ジャンヌも、もう迷わない。女の服を着て、一生男の看守に乱暴に扱われたり、イギリス貴族に襲われたりするくらいならば死んだ方がましだった。

牢獄に詰問にやってきた司教に、ジャンヌはもう男装を手放すつもりはないとはっきり答えた。

「戻り異端」の死刑判決

翌日、コーション司教はアドヴァイザー団を招集した。ジャンヌが再び男の服を身につけたことで「戻り異端」の死刑判決を出すためであった。すでにジャンヌの立派な答弁に感心していた彼らの多くは、男装の不可についてジャンヌにもう一度説明すべきだという穏当な意見を出した。コーションはこれを無視して強引に死刑を宣告した。彼の使命は果たされたのだ。

次の日、判決を告げに再び牢獄にやって来た司教を、ジャンヌは昂然と糾弾した。「あなたのせいで私は死ぬのです」。「もし、教会の牢においてくれていたら、教会の番人に見張らせてくれていたら、こんなことにはなりませんでした。神の前で私はあなたを告発します」。

死を覚悟したジャンヌの迫力に司教はたじたじとなった。そのせいか、魔女で異端として火刑にされるというのに、ジャンヌは最後の聖体拝領さえ許された。フランシスコ会の聴罪僧が告解を聞いて罪の赦免を施した。これでは神学的にも、教会法的にも、論理的だとはいえない。しかし、ジャンヌはどうせ死ぬのだし、死を与えるのは形式上、教会ではなくて俗権である（これは、一一三九年以来のシステムだ）。

良心が咎めたのか、ひょっとしたら神の罰が怖かったのか、憐れみか、偽善か、とにかく、司教は、戻り異端で地獄堕ちであるはずのジャンヌに、キリスト者として死ぬために必要な手続きを認めたのだ。この矛盾が、後の復権裁判や福女聖女とされる審議の際に、ジャンヌに有利に働いたのはいうまでもない。

「男装」は「異端」か

このように、ジャンヌに被せられたさまざまな嫌疑の中で、もっとも明らかな形で残ったのが「男装」であった。「お告げ」の有無やその正統性に関しては、ジャンヌが「黒」となるような決定的な言葉を決して言っていないので、結局はそれが嘘なのかあるいは悪魔からきたものなのかの判断がつかない。処女であることは証明されている。悪魔は能力を与える前に魔女と交合すると言われているから、ジャンヌが魔女であるという確実な証拠はないことになる。

それに比べると、男装が悪いとなれば、最後まで男装を通し、一度着た女の服を捨ててまた男の服を着たということは、万人を納得させられる罪を構成する。ジャンヌを殺すための最後の言い掛かりの根拠が「男装」に集約されたわけである。そして、そこに集約してみると、ジャンヌにとっての「男装」は、単なる「異端」の一条件を越えて、ジャンヌが戦士としてイギリス軍を悩ませてきたことをもっともよく象徴しているものである。ジャンヌが男装さえしなければイギリス軍との接触はなかったのだから、軍事的政治的な文脈の中では、男装は制裁の象徴的な対象ともなった。

しかしことは戦争犯罪の裁判ではなくて宗教裁判である。前章では、女性が戦士の姿をしていることの意味について考えてみた。しかし、本当に男装そのものが、戦場という文脈を超えても、それだけで独立してその頃の宗教的な異端の徴《しるし》になっていたのだろうか。それともっと別の隠れた心性に関わるところで、社会的なタブーを形成していたのだろうか。男装はジャンヌ・ダルクの生死を左右した要素になっただけに、ここではそれについて別の視点からさらに分析をしてみよう。

「超常」としての「異装」

もし、男装そのものが異端だとみなされていたのだとしたら、最初のポワティエの審問の時になぜ問題にされなかったのか、そしてシャルル七世側近の聖職者がなぜ黙って受け入れていたのだろうかという疑問が出てくる。また、もう一つの疑問は、ジャンヌが牢獄で男装を復活させた理由について、女装だと乱暴されるからだとはっきり言っていることからくる。言い換えると、男装をしている限りは男たちを牽制できたということだ。牢獄のジャンヌは身を守るために男装したことになる。しかし、たとえ男装していたところで、看守たちはすでにジャンヌが女性であることを知っていたわけだから、変装の意味はない。自由を奪われているジャンヌが、男装をしているということだけで性的な対象とならなかったのは、一見不思議だ。これはなぜだろうか。実は、二つの疑問は、「男装」が、中世においては、単なる宗教体制にとっての異端であるという前に、一種の「超常」的効果をもっていたことと、まさに「超異端」であったことによって説明できる。

これは、戦場の戦士姿について考察した時のように、男装によって、「男のふりをする」のではなく「男」となるという「変身」として理解されていたということである。だからこそ、それが牢獄でも引き続いて機能していたのだ。男の服を着れば乱暴されなかったというのは、男の服を着ることによって、女ではなくなったと了解されたことを意味している。「男装の女性」という事実そのものは、倒錯的な性的興味を抱かせるものではなかったどころか、むしろ両性具有、あるいは無性という「聖」的なイメージを喚起したものだったらしい。つまり、中世の人々の心性においては、服装のもつ変身の魔術がそれほどに強かった。「異装」は、教会の支配するこの世での秩序を侵す「異端」とされる前に、そのままで「異界」を出現させるパワーをもっていたのだろう。まさにカテゴリー分けを超える「超異端」

の分野に属していたのだ。

ジャンヌの男装は、だれの目にもまず「超常」として了解された。それに意味を付し、カテゴリー分けしていくのは、政治的行為であった。ポワティエではジャンヌの男装が実現する「超常」を、シャーマンとして、無性的、天使的な神の使いのシンボルとして位置づけた。同じ「超常」を、イギリス側のルーアンの裁判は宗教的異端であると判断したのだ。どちらの側においても男装は「超常」の出来事であった。イギリス兵でさえ、男装のジャンヌに手を出せなかったということがそれを示している。では宗教的異端とする根拠はどこにあるのだろうか。

神の秩序を乱すもの

もともとキリスト教以前のヨーロッパの異教には、両性具有神の原型があって、それが根強く残った部分がある。プラトンの『饗宴』の中でアリストファネスが唱える、原人種がアンドロギュノスだという説は、錬金術のベースとして伝承された後に、近代オカルティズムの神智学や人智学に取り入れられた。また、ギリシャ・ローマ世界のアフロディテやディオニュソスの祝祭では、男女逆装の風習が普通だった。異性の衣装をつけて仮面をかぶる。キプロス島にはひげをはやしたアフロディテ祭もあった。性を複合させて両性具有神をイメージしたものだろう。ローマのマスカラード（仮装行列）の風習の中では、この他に、動物への変身も見られた。

これらの風習は、キリスト教の説く、神が各種の動物を少しずつ創って最後に自分の似姿である人間を創ったという創造神話と相いれないので、何度もキリスト教会に禁止されるようになった。しかし根絶は困難で、復活祭前のカーニヴァルなどの期限を決めて部分的に解放されるのが実情だった。この「天地創造の秩序を乱すな」という感覚は今も残っていて、フランスでは、実際にはほとんど適用されないとはいえ、公共の場での男女異装は刑法に触れることになっているほどだ。現実には、女性のパンタロン姿は完全にファッションとして定着しているから、男性の女装が対象になる。これは中世とは正反対だ。なぜなら、男女逆装が禁止されたといっても、歴史的には、女性の男装のみが厳しく取り締まられてきたという事実があるからだ。ジャンヌ・ダルクもその犠牲者だったのだ。

それは宗教的な理由の他に、社会的な要素が関わるからだろう。つまり、女性の服装は、長い間、男の社会的優位を侵さぬようにというコンセプトを基にして、体を締めつけたり、動きを制限したりするものなどが多かった。女性が男装すると、男性化して、子供を生まなくなってしまうと困るというのが、男の体制の言い分だった。これは二〇世紀のヒットラー政権下で、女性に三つのK、Kinder, Küche, Kirche（子供、台所、教会）に忠実であること、地味であることが奨励されたことにまで通じる考え方だ。

もっと男中心のモラルが男装禁止の根拠にされたこともある。つまり、ズボンがだめなのは脚の付け根がわかるからで、それは男を誘惑するので悪であるとされたのだ。ブルマー夫人が自転車用に丸いズボンブルマーを考案した時は、ヴィクトリア女王は「ショッキング」であるとコメントした。また脚の見せ方もいろいろで、二〇世紀初頭のブルジョワ社会では、ストッキングなしで歩くのは売春婦と同義であり、帽子なしは召使いと同義だった。ストッキングについてもカトリック教会は細かい規定をして、分厚い素材のストッキングや靴下は肌と形の両方を隠すから認められるが、薄い素材のストッキングは肌を隠しても、脚の形を強調するからよくないとしていた。特にシームレス以前は、ストッキングの後ろの線が非難の対象となった。

カトリックでは、女性信者の服装をチェックしてアドヴァイスを与えるのは司祭のれっきとした役目のひとつで、そのためのマニュアル本まで存在していた。男女の服装の規定は、カトリックの教義や教会法について検討する公会議のレベルで何度も成文化されていた。ジャンヌ・ダルクの頃も同様で、教会法の中には、「もし女性が服を取り替えて男装するならば、破門される」という一項が確かにあった。戦闘服ももちろんで、「人類の劣等な方の半分（女性のこと）が、本質的に男性的である戦士の服装をつけることは特に禁じられる。脚の付け根を強調する鎧用の金網状のズボン、股当て、臑《すね》当てなどである」とされた。

一九六〇年代の第二ヴァティカン公会議でカトリシズムの服装の規定が緩やかになったとはいえ、教会の中で女性のヴェール着用が義務づけられている地方はまだ多いし、ノースリーブやショートパンツの観光客がカテドラルの中に入ることを許されないケースは、今も存在する。

他の宗教での禁止事項もまだまだ生きている。

一九八九年にユダヤの大ラビが、テニスでは女性が宗教的規定にかなった服装をしていないから男性とダブルスを組んではならないというコメントを出している。その罪の査定が複雑過ぎるからというのだ。また、フランスで、イスラム教徒の女子高校生が頭にスカーフを巻いて公立高校に登校して、宗教の分離を理由に拒絶され自宅待機を余儀なくされるという社会問題が頻発したのも、つい最近のことだ。

実際に宗教から規制の対象にされるのが常に女性の側であるということは、ジャンヌ・ダルクの頃から今まで、基本的に変わってはいないということだろう。

今とジャンヌの生きた中世との大きな違いは、牢獄のジャンヌにとっては、男装は単に、習慣や思い出ではなく、実際に身を守る手段であったし、それが呪術的な「変身」の記号として牢獄の中ですら有効であったということだ。超常の異界へシフトする手段でもあり、時として、異端どころか神の使者としての身分証明にもなったのだ。

その意味では、ジャンヌの男装がイギリス側から異端という言い掛かりの切り札として使われたということも、単に他に決め手となるものがなかったからこじつけられたという以上に、彼女の聖性を剝ぎ取る本質的な手続きだったのかもしれない。

これに対して、シャルル七世が主催したポワティエの審議の場合は、ちょうど反対の手続きがあったと言えるだろう。神学者たちはジャンヌの男装を黙認したばかりか、ジャンヌのアンドロギュノス性を、教会法などを超越する神の直接の使者の徴として積極的に利用できると気がついたのだ。男装は、その超越性によってジャンヌの聖性を強調することになった。

そして、このように敵からも味方からも男装を利用されたという事実から、異装によって「変身」するという、キリスト教以前の古代の心性が「超異端」の地平で生き生きと流れていたということが、うかがい知れるのである。

男装の女性の系譜

ジャンヌ・ダルクは、実在した歴史上の人物のうちで、男装の女性としてはもっとも有名な存在だろう。戦うジャンヌ・ダルクの姿はロマン派作家のファンタズムをかきたてた。ラマルチーヌも、デュマも、シラーもジャンヌ・ダルクを素材にした。それはペギー、クローデルやアヌーイにまで続く(カトリック作家のベルナノスはジャンヌ・ダルクの兄の子孫と結婚した)。プロテスタント国イギリスのバーナード・ショーはジャンヌ・ダルクのことを「最初のプロテスタント」だといったし、共産国ソ連ですら、ジャンヌ・ダルクは、王に売られ教会に焼かれた民衆のヒロインとして人気を博した。

男女逆装そのものは、洋の東西にかかわらず、文学のテーマになっている。日本でも平安時代の『とりかへばや物語』がある。これは遊び心で兄妹が服と身分を取り替えてしまう話だが、性的な状況の中で結局「自然」の欲望が勝ってしまい、最後には元へ戻るというものだ。異装によって変身するというよりも、男女の役割変更の生む複雑なシチュエーションを楽しむわけであり、シェイクスピアの『十二夜』などもこの系統に入るだろう。

髭面の男が服装を変えただけでは女になれない。女性なら男装しただけで「若い男」に似てくる。男女逆装やアンドロギュノスが成り立つのは、ある程度の「若さ」を前提とする。少なくとも、性差が意味を持つだけの若さがなくては意味がない。男女逆装には性情報を混乱させるという側面があるからだ。言い換えると、男女逆装には「若さ」というコノテーションがあるからこそファンタジーを誘うのだ。

同時に、アンドロギュノスは男でもあり女でもあるが、男でも女でもないわけで、「性的不可侵」という神話とも通じる。それが、騎士物語の「憧れの貴婦人」や、聖処女マリア、永遠のマドンナへのファンタズムとも重なるのだ。

『聖人伝』の世界

女性の男装が、天地創造の秩序を乱すこととして、また性差別への抵抗として抑圧されてきたキリスト教文化においても、実はこのファンタジーが存在する。キリスト教文化の中心部に、タブーを侵し、ファンタズムを堂々と掲げている場所があるのだ。それは、キリスト教文学のベースにあるともいえる『聖人伝』の世界だ。

プロテスタントのキリスト教が、一人一人が聖書（特に福音書）のみを基本にするというのに対して、カトリシズムでは、聖書に直接あたるのはもっぱら神学者や聖職者の役目だとされていた。一般信者は長い間、祈禱書、解説書、説教、有名神学者（ほとんどは聖人である）の著作、聖人伝などを信仰の拠り所にしてきた。もちろん、この『聖人伝』が、民話や異教時代からの口誦文学の伝統を内包しているであろうことは想像に難くない。

たとえば、ジャンヌ・ダルクの時代に、地方で人気のあったマリーヌという聖女がいる。この聖女は、ある修道士が世を捨てる以前にもうけた娘だったといわれる。修道士は修道院に入る時、まだ幼い娘と離れ離れになるのにしのびず、男の子の服装をさせて修道院で暮らさせた。少女が一七歳になった時、父は死んでしまったが、少女はそのまま若い修道士マランとして修道院にとどまった。ところが、ある時、マランが森で薪を集めている時に宿泊する家の娘が妊娠するという事件が起こった。ある兵士が相手だったのだが、問い詰められた娘はマランの名を出す。マランは否定せず、無実の罪をかぶり、修道院長に修道院から出て行くように命令された。しかし、門の前に留まったまま、人々や修道士たちに残飯を分けてもらいながら、そのまま三年も過ごした。やがてその謙譲を認められて中に入れられ、贖罪のためにどんなつらい仕事も引き受けた。マランが死んだ後、修道士たちは彼女が実は女だったことを発見した。マランを糾弾した娘も懺悔して墓へ参った。やがて墓の前で、数々の奇跡の治癒が起こるようになり、マランは聖女マリーヌとして聖人の列に加えられた。

聖女マリーヌの物語は歌になって、子供達が踊るなどしたらしく、ジャンヌ・ダルクもおそらく知っていたと思われる。しかし、物語の内容にも地方によって異同があり、祝日もまちまちであった。カトリックには現在でも聖人目録というものがあって、聖人の死んだ日が祝日として振り分けられているが、その中でも聖女マリーヌのあつかいは曖昧で、六月一八日と七月一七日が挙げられていて、「処女殉教者」とだけ書いてある。中世から近代にいたるまでもっとも流布した聖人伝である『黄金伝説』の中では、七月一四日に死んだとあるが、時代考証もどこの地方の話なのかも不明だ。また聖女マリーヌを後出の聖女ペラジーと同一視する地方もある。この場合は祝日が一〇月八日となる。

この話には、聖女ユーフォロジーヌ、聖女マリー、聖女テオドラというヴァリエーションもあって、みな共通点は男装の処女殉教者という点だ。もとは、キリスト教迫害時代のアレキサンドリアの殉教者がいたところに、いろいろな伝説の聖女が加わってアマルガムをなしていたらしい。これらの聖女の祝日は、ローマ教会の近代化にともなった改革で、一九六九年には聖人カレンダーからはずされてしまった。

また聖女マリーヌは聖女マルグリットの東方教会の呼び名だという説もある。このマルグリット（国によってマーガレット、マルガレータなどのヴァリエーションがある）は、ジャンヌ・ダルクに「お告げ」を伝えたと言われる聖女の一人でもある。祝日は七月二〇日で、アンチオキアの貴族の娘だったが、ローマ総督の求婚を拒否して殉教した。その後、ドラゴンに姿を変えたサタンに打ち勝ったという伝説も付け加えられた。ドラゴンに飲み込まれたが、十字を切ると、ドラゴンは破裂してしまい、マルグリットは無事だったという。神への祈願の取り次ぎをよくしてくれる十四大聖人のうちの一人だった。しかし、この聖女も、神話や伝説が混ざっているうえに異同も多いので、今では聖人目録からはずされている。男装がテーマにこそなっていないが、ドラゴン退治という部分で、「戦う聖女」のイメージを与えていたことで、戦士ジャンヌ・ダルクを準備したものだといえる。

男装の聖女の別の例として、やはり『黄金伝説』に出てくる、聖女ペラジーの物語も有名だ。

ペラジーはアンチオキアの富裕な貴婦人だった。着飾って若い男女を供に従え、虚飾に満ちた生活をしていたが、ある時教会で説教を聞いて感動し、悔悛した。洗礼を受け、富を貧しいものに施し、隠者の服をまとって山の隠遁独房に籠って禁欲苦行（断食、鞭打ち、夜の祈禱、五体投地など）をする。彼女は「ブラザー・ペラジー」と呼ばれて、聖者のように尊敬された。そのまま独房で死んだが、死後に女性だということがわかり、人々は驚き、感嘆して、神を讃えた。紀元二九〇年頃のことだ。

『黄金伝説』の中には、もう一人別の聖女マルグリットの物語がある。

マルグリットは、婚礼の夜に髪を切って男装で逃げ出した。遠方の僧院をたずねて、「ブラザー・ペラージュ」と名乗り、修道士として修行する。評判が高まり、ある女子修道院の指導者に任命された。ペラージュは修道女たちに教えを説いたが、それに嫉妬した悪魔が、ひとりの修道女をそそのかした。門番係の修道女が妊娠し、ペラージュが糾弾される。ペラージュは修道院から追放されて、岩山の独房に監禁された。死ぬ前に手紙をしたためて、誘惑の海を渡るためにペラージュと名乗ったが実はマルグリットという処女であること、無実の罪によって、イエスのように罪なくして贖罪をするという徳に恵まれたことなどを書き残した。

これは聖女マリーヌの場合と似ている。いずれも男装のせいで性的違反の罪をかぶせられるが、女性だとわかって罪が晴れる。言い換えると、男装は絶対の無実の証明であり、「罪なき贖罪」という最高の試練で最大の徳を達成するための手段だった。『聖人伝』の中の多くの男装の聖女たちは、男装を決して非難されてはいなかったばかりか、男装が彼女らの謙譲の徴、処女性の証となったわけだ。

羽ばたく「超異端」

ジャンヌ・ダルクの生きた一五世紀は、『黄金伝説』が広く行き渡りはじめた時代でもある。敬虔な少女だったジャンヌ・ダルクが、教会での説教や、各種の祝日の折に、聖女マリーヌや聖女マルグリットのいろいろな話を耳にしていなかったとは考えられない。

それならば、「異端審問官」たちが、「創造の秩序を乱す異端」だとしてどんなに男装を弾劾したところで、民衆の共同幻想の中では男装の聖女や戦う聖女がいつも生きていたわけである。

このように見てくると、『聖人伝』はまるで「超異端」の温床のようなものだ。教会権力のお墨付きのある『聖人伝』の中で、さまざまな倒錯や性的ファンタズムが野放しにされていたことは、痛快だ。それがヨーロッパの人々の集合無意識に深く浸透してきたであろうことを考えると、四角張った神学論議や異端審問とはいったい何だったのかと思えてくる。『聖人伝』はまさに、人々の隠された心性が「超異端」として自由に羽ばたく舞台だった。

キリスト教が「中世」を「暗黒」にしたなどという通説はもはや通用しない。

ジャンヌ・ダルクは、『聖人伝』から抜け出してきたような「超異端」の果実だったのかもしれない。そして、『聖人伝』の中では、何人もの聖女が重なりあい、融合して、ひとつのファンタズムを形成しているとしたら、ジャンヌ・ダルクも、決して孤立して出てきた存在ではなかったわけである。

火刑台のジャンヌ

五月三〇日にジャンヌは馬に引かれた荷台に乗せられてルーアンの市場の広場に引き出さ

火刑台のジャンヌ（F・レグリ画、ルーアン美術館蔵）

れた。二人の修道士が脇に付き添った。再び男の服を身につけてから三日後、死刑を宣告された翌日のことである。八〇〇人近いイギリス兵が周りを囲んでいた。

火刑台に据えられる前に十字架を所望して胸に差し込んだ。もうひとつの十字架を、最後まで見ていることができるように高く掲げてもらうことも望んだので、修道士が近くの教会に大きな十字架を取りに行った。

ジャンヌは三位一体の神と聖母マリアとすべての聖人に祈り、赦しを乞い、天国に導いてくれるようにと祈った。群衆は殉教の聖女を目にしたように感動してすすり泣いた。

火がつけられた時、ジャンヌがひときわ高く「イエスさま」とさけんだ。燃え上がる炎と舞い立つ煙にかかわらず、ひとりの修道僧が棒にくくりつけた十字架を持ち上げて、十字架上のイエスの姿がジャンヌに見えるようにしてやった。ジャンヌはイエスの名を何度も呼び続けた。イギリス軍の兵士たちも動揺し、聖職者たちは恐れた。

ジャンヌが煙で窒息し、刑用の長衣が燃えた時、申し合わせ通り、いったん火が遠ざけられた。少女が天使の助けによって脱走もせず、確かに死んだこと、一部に言われていたように少年でもなく両性具有者でもないことを群衆に見せるためだ。また、遺体の確認という法的手続きのためでもあった。灰になるまで焼いてしまう火刑では、手続きを最後にしたのではもう何も残っていないからだ。やがて再び火が放たれ、ジャンヌの姿は炎と煙の向こうに見えなくなった。

「火刑」の意味

炎に包まれたジャンヌの最期の姿が人々に強い印象を与えたことについて、「火刑」そのものの意味を通して考えてみよう。

「火刑」は、当時の「異端」の制裁として代表的なものだった。にもかかわらず、火刑になったジャンヌ・ダルクがそれでもなお復権し聖女になったということは、どうしてだろう。それを理解するには、火刑そのものの両義的な意味を考察する必要がある。つまり火刑のもつ「浄め」というイメージが、一方では異端の制裁手段というネガティヴなものであり、一方では聖なるものを喚起するというポジティヴなものともなったという二つの側面に、注目してみよう。

そもそも異端者が火刑に処せられるというのはどういう意味をもっていたのだろう。

ヨーロッパのキリスト教社会では、火刑はおろか、火葬というものを今に至るまで極端に嫌っている。現在では、それでも火葬が増えたので、知らずに葬儀に出席して、火葬に立ち会わねばならなくなったフランス人などは、真っ青になる。ベルトコンベアにのせられた棺の向こう側の両開き戸が開いて竃《かま》の炎が見えるのも恐ろしく、まさに地獄の業火を見るような気になるらしい（火葬が増えたわけは、都市生活者が多くなって、郷里の教会の墓地に埋葬されることが難しくなり、公共墓地の地代が高価であるため、骨壺を納めて封印するボックスの権利を借りる人が出てきたからだ）。

このように今でも火葬への偏見が大きいのは、宗教的な禁忌の伝統のせいで、それは異端者を火刑にする習慣と直接関係がある。火葬は火刑を連想させ、魂の復活を不可能にしてしまうと考えられてきたからである。

人間は肉体と魂のペアで創造されるのだが、アダムとイヴの原罪によって肉体は滅びる運命にある。肉体が滅びると、魂を解放してやらなくてはならない。魂は煉獄《れんごく》へ行って贖罪をしたり、天の待合所に行って、最後の審判の日を待つ。最後の審判によって、肉体を返してもらって復活するのだ。その肉体は栄光の肉体といって天国で神を讃えて暮らすための特別の肉体だ。病や傷や老いを癒された姿であるという。

だから、肉体はひとまず埋葬して、復活の時のベースにとっておこうという発想があった。神学的には、別に肉体を良好に保存しておかなくても最後の審判の日の復活は可能なのだが、民衆はエジプト以来の遺体の永遠保存を無意識に夢見た。死後長い年月を経て発掘された時に、腐敗していず傷んでもいない遺骸は、それだけで信仰の対象になり、その人が聖者として崇められるケースがあることがその証拠だ。

これにひきかえ、火葬されて灰になるということは、魂も閉じ込められたまま燃やされてしまうことになると考えられた。つまり魂までなくしてしまうということだ。これは煉獄よりも地獄よりもおそろしい虚無だ。神と神の創った世界から消えてしまうことになるからだ。このせいで、異端者を火刑にしたり、死刑のあとで火葬することに対して絶対反対した神学者もいた。万一無実の罪の者がいた場合、魂を燃やしてしまうということは、最後の審判のチャンスを与えないことになる。それは異端よりも重大な罪だ。火葬は、魂を悪魔に売り渡してしまったことが確かな異端者にのみ許される見せしめでなくてはならない。

このような慎重論にかかわらずなおかつ火刑が執行されたのは、中世から一八世紀に至るまで実在を信じられていた吸血鬼伝説が大きく影響している。死後に吸血鬼になりやすいとされた人間は、教会から破門された者、自殺者、暴力による死者、魔女、死産児、その他教会の墓地に葬ってもらえない者である（他には、ユダのような赤毛、薄青の眼、赤痣《あざ》、羊膜に覆われて生まれた者などもリスクが高いとされた）。そのような者は、十字路（十字架を象徴）の真ん中に葬られたり、心臓に釘を打たれたり、口にニンニクを含ませるなどの復活予防手段が施された。しかし、最終的には、「燃やす」というのが、吸血鬼としての復活を防ぐもっとも確かな方法だったのである。

火刑と聖性

このような伝統の中で、では、火刑が聖性を喚起するというもう一つの側面はどういうふうに現れたのであろうか。火刑が、単に魂と肉体を完全に消滅させる手段とのみ認識されていたのなら、火刑の後で灰をセーヌに流されたといわれるジャンヌ・ダルクも、魂を失ったことになる。

魂の存在は天国での生の絶対条件である。魂がなくなったのだとしたら、ジャンヌはどうして聖女などになれたのだろう。たとえ復権裁判によって異端の疑いを取り消されて名誉を回復したとしても、失われた魂がかえってくるわけではない。聖人というのは、生前の特別の徳によって最後の審判を待たずして天国に直行するエリートであり、神の意志と俗界の人間との仲介をするために天使のような役割を果たす存在だ。

魂がないジャンヌがそれでも聖女として認められたということは、実は火刑には魂に関わる以外のもうひとつの意味が隠されていたことを物語っている。

それは魂の有無というキリスト教的図式とは別に、火刑による死に方そのものが聖性を喚起するという見方が古代からあったことである。それがキリスト教ヨーロッパに生きる中世の人々の心性にも残っていたのだ。そのことに注目すると、火葬と土葬の対立というものが、単純な宗教的な文脈以外の深い意味をもっていることがわかるだろう。

キリスト教以前のヨーロッパには、火葬と土葬の両方が存在していた。ユダヤ世界はだいたいにおいて土葬で、これがキリスト教の習慣の母胎になった。けれどもキリスト教が発展したローマ世界では、貴族にのみ火葬の習慣があったという。ギリシャ世界でも火葬と土葬が併存していた。ヨーロッパの先住民族のケルト人の間では、火葬の方が魂が早く解放されると信じられていたようだ。

フランスでは、キリスト教が定着してからはもっぱら土葬になった。戦争や飢饉などで大量の死者が出た時などは伝染病を恐れて焼くこともあったが、例外だった。フランス革命の後しばらくしてキリスト教への反動で火葬が復権した。しかし最後の審判における肉体の復活にまつわる民衆の信仰は根強く、あまり行き渡らなかったようだ。

後に、一九世紀後半のリベラリズムの時代になって、古代への回帰ブームと衛生観念の発展から、火葬がふたたび市民権を得た。火葬の許可は、イタリアで一八七三年、ドイツで一八七六年、フランスで一八八六年三月となっている。二ヵ月後にローマ法王庁がこのことを糾弾して、火葬の許可はフリーメーソンの陰謀だと言った。フリーメーソンはフランス革命でも活躍して、宗教的な禁忌を乗り越えて人権や自由の幅を広げる努力を常に続けている。ともあれ、法王庁は、火葬する者は破門すると言い渡し、この状態が実に一九六三年まで続くのだ。その後は法王も口をつぐんで、事実上選択は自由になったが、一九八三年の教会法(一一七六―三)でも「火葬は禁じないが土葬を勧める」とあるように、相変わらずこだわっているようだ。

土葬へのこだわりは聖遺物崇敬にも関係がある。キリスト教の初期、迫害時代に殉教者の地下墳墓での礼拝が行われ、後にそれが巡礼を促し、殉教者たちの骨が聖遺物として宣教地に分骨されたこと、類推魔術的な治療の道具としてあつかわれたことなどから、「奇跡の治癒」をもたらす聖人の遺骸への崇敬が根づいた。一方では、聖人の称号を与えるための判定の手続きとして棺を開けたり、遺体をばらばらにするという即物的な生々しい習慣もあったのに、それは問題にされず、火葬によってその即物性を失うことの方にもっぱら恐怖とタブーとが集中した。

火刑によって魂が失われることよりも肉体が失われることの方が、呪術的民間信仰にとっては具合が悪かったのである。

聖女の高みへ

火刑になったジャンヌ・ダルクは、天国へいく魂がない、聖遺物となる肉体もないという点で、本来なら聖女になるチャンスはないはずだ。そんな彼女が聖女になれたのは、右に述べたように、キリスト教以前のヨーロッパには火葬が存在したし、歴史の中でそれが何度も復活したことがあり、火葬の禁忌が必ずしも絶対ではなかったという事情があったからだ。火刑を目にした時の情緒的なショックが、この古代の伝統を人々から引き出した。火刑の場面というのが、キリスト教以後の歴史を越えて、見ている人々の原始的な心性を揺さぶるものだったからである。

たとえ異端者や魔女だから抹殺するのだとはいっても、それは結局、共同体にとって宗教的なバランスと救済とを脅かすものを生贄に祀り上げるという意味をもつ。火刑にされるのが無垢の少女である場合はなおさらだろう。実際、ジャンヌ・ダルクが死んだ時には、薪を運んだイギリス兵が卒倒して、聖女を殺してしまったと震えた。ジャンヌの体から白い鳩が飛び立ったという目撃談もある。白鳩は聖霊の徴だ。つまり、ジャンヌは火刑によって肉体を燃やされても、魂は無事に天へ上れたという印象を与えたのだ。

ジャンヌを包んだ煙は煙幕のような効果で彼女を隠し、煙のスクリーンの上に人々はいろいろなものを見た（イエスの名が浮かんだのを見たという人も現れた）。そして煙はどこまでも天へ向かって吹き上げられる。キリスト教のセレモニーでも、昔は盛んに香を焚いた。煙ははっきりと目に見えて上へ昇っていく。煙にのせて、祈りを天の神のもとに運んでいくという演出なのだ。火や炎も煙と一緒に立ち上る。蠟燭の炎はキリスト教において、いつもイエスの象徴だ。浄化の意味もある。

天使にも翼があって自由に高みへ昇っていける。ジャンヌ・ダルクは、男装のアンドロギュノスとして、天使のような無性的な存在だった。無重力的な、この世に場所を占めない中間者だったのだ。その彼女が、煙になって天へ昇っていくというのは、天使として、また天使に通ずる聖女としても矛盾せぬアレゴリーとなり得た。ジャンヌを焼き尽くした同じ炎と煙とが、彼女の翼となり、彼女を聖女の高みへと運んでいったのだ。

火葬や火刑のもつマイナス要素が、ジャンヌ・ダルクの死の場面では、いっせいに聖なるものへとシフトしたわけである。

火刑が終わった時、牢獄ではジャンヌを罵っていたイギリス兵たちもみな激しく動揺し、泣き出す者もいて、「聖女を焼いてしまった」という叫び声が上がった。執行吏は修道士のところにやって来て、後悔と絶望を表明した。もうどんなに神に嘆願しても、聖女にした仕打ちを赦してもらえないのではないかと打ちのめされていたのだ。この男は、灰にならずに残ったジャンヌの腸と心臓とを規定どおりに焼こうとして、油と硫黄と炭とをなすりつけて再び火をつけたのだが、どうしても燃えなかった。

エピローグ

ジャンヌ・ダルクは、火刑台で死んだ後、二五年後に復権した。イギリス軍を国土から追い払い名実ともにフランス王となったシャルル七世に、かつて彼を戴冠へ導いた少女の名誉回復をする余裕ができたということだろう。

ジャンヌは救国の神話的存在になってその後も人々の心の中に生き続けた。さらに五〇〇年近くたって、カトリック教会の聖女という称号さえ獲得した。聖女とは、人々の祈りに応えて、人々を力づけ、癒し、救い続けるという存在である。政治や、宗教や、自然や、超自然や、あらゆる与件を超えて、火刑台の炎すら超えて、ジャンヌはポジティヴな存在になったのだ。

ジャンヌは実在する「救国の少女」というモデルをフランスに提供した。

キリスト教の伝統の中には、模倣というものがある。イエスの生き方を模範にしてそれをまねたり、試練を追体験したりすることがその原型であり、そうして聖性を獲得した者たちが聖人と呼ばれる存在になった。次にはその聖人たちの生涯を語る『聖人伝』や『聖女伝』という伝記文学が生まれ、その生涯があらたな模範になっていく。それ故にすべての聖人や聖女の生き方は無限に重なって一つのスタンダードな聖性を形成している。ジャンヌ・ダルクも聖女となったことで模範となるべき『聖女伝』のヒロインとなった。

＊

けれども聖女としてのジャンヌの生き方は型破りなものだった。キリスト教の内部で異端者として火刑にまでなりながら復権して聖女になったというのは彼女だけだ。だから彼女の『聖女伝』は、孤絶している。

彼女が聖女になったのは、過去に存在した聖女たちの模倣をして努力したからではない。政治的な理由もあった。しかしもっとも大きい理由は、中世はもちろん、古代から今までヨーロッパにずっと息づいている超カテゴリー的な聖性の感覚が、ジャンヌの生き方と死に方とに共鳴したからだろう。

普通の「異端」という概念は、ある特定の体制内で正統から区別するためのものである。ジャンヌは、一五世紀前半のキリスト教によって一度は異端の烙印を押されたが、もともとそのような区分けにおさまりきれないような聖性を抱えていた。だからこそ、単に後世カトリックの聖女に昇格しただけでなく、民衆の心の中では戦いの女神ともなり、アンドロギュノスの巫女ともなり、ナショナリズムのシンボルともなり、自由思想の先駆者ともなったのだ。超宗教的な神秘のエネルギーで中世を底から支えていた「超異端」の女たちをまさに代表するにふさわしいだろう。

そんな超異端の風景の中には、ジャンヌのように戦場で戦ったジャンヌ・ド・ベルヴィルもいたし、ジャンヌの死のショックから立ち直れずに犯罪者となりながらなお聖性を志向し続けたジル・ド・レがいる。ジャンヌの前には、火刑台で死にながらベストセラー書を後世にまで残したマルグリット・ポレートがいるし、神秘体験に翻弄されながら行動の人であることをやめなかったシエナのカタリナがいた。

＊

彼女らを鼓舞し駆り立て続けたのは、正統と異端、善と悪の区別さえ超えた神秘の炎だった。その同じ神秘の炎が民衆の心に共鳴を起こした。ヨーロッパの町では、今でも同じ振動がひそかに、けれども確かに脈うっている。オルレアンのジャンヌ・ダルク＝センターには、世界中から歴史学者や観光客がやって来る。まるで中世の闇の中で燃える火刑台の炎が、あかあかといつまでもゆらめきたって私たちを神秘の世界へといざなっているかのようだ。

あとがき

これまでに、「聖女」と呼ばれる人たちのうちの何人かについて、ものを書いてきた。

聖女たちの内面世界には、いつも、常人には想像もできないほどの密度の濃いドラマが展開されているようだった。

フランス史のヒロインであるジャンヌ・ダルクも聖女のひとりだ。ジャンヌ・ダルクが普通の聖女と違うところは、内面世界どころか外面の活動そのものが途方もなくドラマティックであるところだろう。ジャンヌ・ダルクを聖女の仲間に加えたことで、カトリックの神話世界は一気に膨らんだ。一見合理的で取り澄ましているかのように思えるヨーロッパ世界が、熱気と神秘に満ちた「何でもあり」のエネルギッシュな神話世界を今も抱えていることを知るとなんだか楽しくなる。

ジャック・リヴェットは、映画『ジャンヌ　愛と自由の天使』『ジャンヌ　薔薇《ばら》の十字架』で、史実を忠実に再現した。自分の使命をひたむきに信じ、ひたすらに戦った末に、大人たちに寄ってたかって殺された少女の姿を見ていると、神に選ばれたと信ずる者の悲哀に胸がつまる。

痛快で、やがて悲しいそんなジャンヌ・ダルクという聖女について、いつか書いてみたかった。講談社の堀沢さんのおかげでその願いが実現することになった。一筋縄では語れない規格外れの聖女とその時代とを理解しようとして、新書という限られた枠組みの中で中世の精神世界や正統と異端のパラドクスの中をぐるぐるまわる私に、堀沢さんは辛抱強く付き合ってくださった。どうもありがとうございました。

＊

少女たちはみな、ある日自分の前に白馬に乗った王子様が現れるのを待つという。ジャンヌ・ダルクという少女の前には天使が現れて、彼女は自分が白馬の騎士になってしまった。ジャンヌ・ダルクは王子様の敵を蹴散らして、王子様を先導して王様にしてしまった。王子様を待っている女性たちに、自分で白馬に乗って駆けていきたい人たちに、そして自分を王様にしてくれる女の子が現れるのをひょっとして待っているかもしれない男性たちに、この本を捧げます。

一九九六年一一月

竹下節子

学術文庫版あとがき

二〇世紀の末に新書版の『ジャンヌ・ダルク』を書いてから、世界の情勢は大きく変わった。冷戦後のグローバル経済が進み、格差が広がり、一部の富裕層が富を独占するようになった。冷戦が終わったからといって平和が訪れたのではない。民族や宗派の対立が露わになり、エネルギー資源をめぐる利権争いは激化し、軍需産業は戦争と破壊を必要とし、宗教の名を掲げた過激派テロリズムが席巻した。

ジャンヌ・ダルクの時代から延々と覇権争いを続けてきたヨーロッパ諸国は、拡大したヨーロッパ連合によって恒久の平和と共栄を目指していたはずだが、中東やアフリカ諸国からの大量の難民を前にして次々に国境を再設置するなど内向きになっていった。英仏海峡を結ぶユーロスターの登場は百年戦争を遠いものにしたかに見えていたけれど、イギリスはジャンヌ・ダルクなしに大陸ヨーロッパから離脱することを選んだ。

一方、理想と楽観から、疑いと悲観へと向かうそんな二一世紀においても、ジャンヌ・ダルクというシンボルのパワーは決して衰えていない。二〇一二年のジャンヌ・ダルク生誕六〇〇年祭にははじめて、オルレアン市長である国会議員、カトリック司教、フランス陸軍大佐が、オルレアンの大聖堂に集まって記念のスピーチをした。カトリックの聖女としてのジャンヌ・ダルクの一面は、政教分離を共和国のアイデンティティとするフランスでは長い間、少なくとも公には看過されてきたのに、危機の時代に人々がこの「フランスの守護聖女」のパワーを無意識に求めているかのようだった。

歴史家によるジャンヌ・ダルク研究も、中世史家のレジーヌ・ペルヌーがはじめて宗教との関係にも踏み込んだものを次々と発表した。私自身は、むしろ宗教神秘主義的な切り口からいったん距離をおくことになった。白水社の月刊誌『ふらんす』で『ジャンヌ・ダルク異聞』を一年連載した後で、ナショナリズムの問題、ジェンダーの問題、宗教と政治の問題という切り口から、ジャンヌ・ダルクの受容の変化を通した社会学的地政学的なアプローチを『戦士ジャンヌ・ダルクの炎上と復活』（白水社、二〇一三年）にまとめたのだ。

それ以降も、ナショナリズムとポピュリズムの隆盛、移民や外国人の排斥、ＢＲＥＸＩＴの国民投票にまでつながったヨーロッパ連合の危機の中で、「近代ナショナリズムの萌芽」ともいうべき百年戦争とジャンヌ・ダルクはジャーナリズムや政治評論の中でしばしば言及されるようになった。百年戦争で、「イギリス人をフランスから追い出せ」というフレーズが生まれ実践されたことによって、イギリスとフランスははじめて分離したと言ってもいい。イングランドの王朝というのは、もともと、ケルト人の先住地にゲルマン系民族が移動して成立したアングロ・サクソン国の後に一一世紀にフランスのノルマンディの領主が征服して開いたもので、その後も、姻戚関係などを通じてフランス西部に広大な領地をもつプランタジネット王朝が一二世紀に生まれ、イギリスは完全に北フランス文化圏になってしまっていた。公用語もフランス語で、王や貴族はフランスで養育された。一三世紀初めには、イギリス王ジョンに造反するイギリスの諸侯が、後にルイ八世となるフランス王太子をかついでウィンチェスターのカテドラルでイギリス王ルイス一世として戴冠させようとしたこともある。

その前にすでにフランス王がイギリス侵攻を試み、ジョン王を破門していた当時のローマ法王がフランスを支持するという事態も起こっていた。ジョン王は領地を寄進してローマ法王の封臣の礼をとって破門を解かれた。この頃のヨーロッパでは、ローマ法王も封建領主であり、司教や修道会を通して、諸侯の勢力争いの一翼を担っていたのだ。

結局、ジョン王が急死して、幼い王に代わって摂政を立てることになり、諸侯はフランス王太子を必要としなくなった。もしジョン王が死なずにルイ八世がルイス一世としてイギリス王に即位していたら、その時点でイギリスとフランスは融合し、フランス語とフランス文化の覇権が確立していたのはほぼ間違いがない。そうすれば百年戦争も起こらずにすんだし、イギリスからアメリカに渡ったピューリタンたちもフランス語を話していただろうから、今の世界の言語へゲモニーは英語ではなくてフランス語だったろう、と今でも残念そうに口にするフランス人がいる。

ルイ八世の時代に失われた英仏融合のチャンスが次に訪れたのが、百年戦争の末期だった。イギリス王ヘンリー六世がフランス王としてもパリのノートルダム大聖堂で戴冠したからだ。けれども、時はすでに遅かった。ジャンヌ・ダルクがフランス軍の士気を鼓舞し、ランスの大聖堂でシャルル七世への「聖油の塗布」を伴ったより「正当性」の高い戴冠式を済ませていたからだ。ジャンヌ自身は、自分の聞いたお告げの真偽を最初に司祭に話して確認しようとなどしなかったし、最後はカトリック教会の異端審問で処刑されたほどで、一貫して「封建システムとしての教会」の外側にいた。けれども、「聖性」への感受性を備え、戦いや政治における「聖性」の不可欠さとその生かし方を本能的に知っていた。

結局シャルル七世は与えられた「聖性」だけを利用した後でジャンヌを見捨てた形になったし、実際にイギリス王がフランスの領地をすべて失い百年戦争が終結したのはジャンヌの死後二〇年経ってのことだから、ジャンヌがイギリス軍をすべて蹴散らしたというわけではない。それでも、土地と富と権力をめぐる欲望の終わることのない争いに、ジャンヌが驚くべき素朴さで聖性という次元を堂々と織り込んだことが、決定的に流れを変えた。中世のヨーロッパ世界では、王朝の血脈の正当性や領土の支配権の正当性や宗教的権威の正当性などが、政治的な思惑と軍事的な力関係の変化によって絶えず揺らぎ、相対化されていた。そんな世界で、ジャンヌ・ダルクは、「天からの声」にのみ絶対の「信」を置き、そのパワーに、将も兵士も民衆も鼓舞された。富も肩書も腕力さえない最底辺の少女が究極の「上から目線」で人々を率いるという反転が歴史を動かしたのだ。

それは、「絶対」を演出する政治やカルトのリーダーが人々を酔わせ、従わせて全体主義に導く現象と決定的に違っている。ジャンヌ・ダルクの受けた「お告げ」は「敵の成敗」ではなく「自由の獲得」に向けられていた。古代の『戦史』を著したアテネの歴史家トゥキディデスは「自由なしに幸福はなく、勇気なしに自由はない」と言った。自由が侵害されている時に軋轢を避けてただ座して祈っているだけでは本当の自由も幸福もない。ジャンヌの勇気と行動力は、全体主義の独裁者が民衆の情動を煽り団結させて自分の権益にかなう方向へ誘導させるものとは対極的なものだ。なぜなら、二一世紀の今も、民主独裁、宗教過激派、ポピュリズムなどは「自由」を求めるものではなく、まさに「自由」の「敵」であるからだ。

「民主独裁」体制は、一見民主的な手続きを踏んでいるかのように見え、神や教祖の名を掲げた狂信者たちは無差別テロにまで突き進み、ポピュリズムはフェイク・ニュースを生み民衆をデマゴギーで誘導し煽動している。甲冑に身を包み戦旗を掲げ馬にまたがったジャンヌ・ダルクの姿は、ポピュリズムのように民衆の「情動」を煽ったのではなかった。シノンの宮廷人、オルレアンの市民らに、「自由」に信を置き「自由」を求め、「自由」を守る「気概」を迫ったのだ。ジャンヌの気迫と果敢さが、王太子と将兵と民衆に真のインスピレーションを与えた。気概が生まれ、分かち合われ、歴史の風向きが変わり、オルレアンは解放された。

それなのに、ジャンヌ・ダルクは、天と直結した無敵のメンタルの力ゆえに、恐れられ、抹殺された。歴史に残った足跡はイエス・キリストと同様、わずか二年ほどしかないのに、その活動の時期は今風に言うと常にセクハラ、パワハラの嵐にさらされていた。その壮絶さの記憶ゆえに、二一世紀の今でも、男性優位社会に「斬り込む」女性政治家や活動家は、世界のどこでも「ジャンヌ・ダルク」と形容されることがあるほどだ。けれども、実は、ジャンヌの真骨頂であり、彼女が本当にこの世の利害や毀誉褒貶を超越した「天」と直結していたことを最も如実に物語るのは、その「勇ましさ」ではなくて、十字架上のイエスと同様、屈辱的で残酷な非業の死を「信」と共に受け入れたことである。

新書版の『ジャンヌ・ダルク』を書いた後でも、ジャンヌをテーマにした多くの映画や演劇がフランスはもちろん日本でも少なからず上演された。イギリスの無神論者バーナード・ショーの戯曲を日本人が演じたものや、フランス人監督リュック・ベッソンがアメリカ人俳優と英語で撮った映画など、視点も違えば解釈も異なる多様なものだったけれど、それらを鑑賞して自分でも意外だったことがある。演出や役者への好みの違いや、時代や国やクリエイターによってかけられたさまざまなバイアスにもかかわらず、どの作品でも、ジャンヌが最後に自分の運命を受け入れるシーンを見ると万感が迫り、胸がしめつけられたことだ。

そう、ジャンヌ・ダルクは、最後の最後に運命を受容した。火刑台に縛られて生きながら焼かれるなど、斬首刑よりも恐ろしい。興奮している戦場で矢を打たれて死ぬよりも恐ろしいだろう。その戦慄の「死」を、彼女は受け入れた。

ジャンヌ・ダルクといえば、そもそも「天からのお告げ」を信じて受け入れたではないかと思うかもしれないけれど、その「お告げ」は聖母マリアが天使ガブリエルから神の子を妊娠していると告げられたような種類のものではない。マリアは最初にお告げを聞いた時のジャンヌとほぼ同年齢だった。はじめての妊娠の告知など、望んだものでさえ、生き方を本質的に揺るがし変革するような途方もない出来事だ。それを少女は「お言葉どおり、この身に成りますように」と冷静に受け入れたとされている。そのことが歴史上の事実だったかどうかは分からないけれど、その「受け入れ」がキリスト教の出発点となり、ビートルズの『レット・イット・ビー』が人々に聖母マリアを連想させたほどにキリスト教文化圏の原風景となったことは確実だ。

一方、ジャンヌ・ダルクに下されたお告げの方は、「お言葉どおり、この身に成りますように」などと受け入れてすむものではなかった。遠くにいて会ったこともない王太子の元に行き、説得して、武装し、軍を率いてオルレアンをイギリスの包囲から解放せよ、王太子をランスのカテドラルで戴冠させせよ、という、どこをとっても、座して受け入れるだけでどうにかなるようなものではない。

マリアは、彼女と幼子を守るという自分の使命を知らされてそれに徹したヨセフという夫に支えられた。ジャンヌは、親の家を出る時点ですでに猛烈な抵抗にあったに違いないし、その後のすべての行動も突拍子もなくハードルの高いものばかりだった。ジャンヌは信仰篤い少女だったけれど、「神の声を聞いた」と宣教したわけではない。人々に回心を呼びかけたわけでもない。聴聞司祭に相談したわけでもない。彼女がしたのは、馬を駆って戦場に突撃する「軍事行動」なのだ。

それ以外に選択肢がない、というほどに少女を不退転の決意に追いやった神秘体験の内実は誰にも分からない。けれども、出発点における神秘体験が宗教的なものであれ、五〇〇年後の到達点がカトリック教会の聖人の列に加わることであれ、神秘体験に促されてからこの世の生を終えるまでのジャンヌの生き方は、まったく独自なものだった。

自ら兵の先頭に立って戦場に行くなどという途方もない生き方を選択したのだから、宗教的狂熱に駆られた神懸かりのシャーマン体質の女であっても不思議ではないのに、異端裁判の記録がジャンヌの驚くべき健全さを伝えてくれる。無神論的ユダヤ人であった哲学者のベルクソンは、洗礼を受けないままカトリック神秘主義に傾倒し、アッシジの聖フランチェスコやジャンヌ・ダルクは「知的に健全であった」と述べている。ベルクソンの挙げる神秘体験のキイワードは「愛」と「創造」と「アクション」だ。

アッシジの聖フランチェスコも神の啓示を受けてから、商人である父と対立して、着ている服を脱ぎ裸になって父の元を出た。裸のフランチェスコと男装のジャンヌ・ダルクの出奔は、うちに引きこもって祈り続けるようなタイプの神秘家とは反対の一種冒険的なアクションだった。けれども彼らのそれは激情に流されたものではなく、挑発的なものでもなかった。紛糾した状況をある種の「単純さ」によって迷いなく克服してしまう素朴な「良識」が駆動されたのだ。

いつの時代も、人は政治的な思惑や私利私欲にがんじがらめになり、煩雑なプロトコルを熟知しながら牽制しあい、それを回避する戦略を絶えず練っているうちに、しばしば動きが取れないような事態や絶望状態に陥る。そんなときに、神秘体験に促された知的健康人は、情熱と忍耐をもって、まっすぐ、どんどん進んでいくのだ。知的に健全であれば、人は「神秘」に促されながら創造的に活動できる。その神秘体験の「原因」が、いわゆる「精神病理」的なものであろうとなかろうと関係がない。心身の健康がたとえ損なわれていても、確固とした「知的な健全さ」さえあれば、躍動は生まれる。

フランチェスコやジャンヌ・ダルクのような人の「知的な健全さ」は、すべての人が見分けられるものだとベルクソンは言う。だからこそ一九世紀に「ジャンヌ・ダルク裁判記録」が翻訳されて一五世紀の無学な一九歳の娘が発した言葉をはじめて目にした人々が、みな、すぐにそのことを理解した。フランチェスコやジャンヌ・ダルクが時代や宗教や文化の枠を超えて愛されるのは、彼らの「過激さ」を支えるアクティヴな健全さが伝わっているからだろう。

それでも異端審問で拷問や火炙りによって脅されてジャンヌ・ダルクは恐怖におののいた。彼女の「絶対」への信が揺らいだからではない。ただ、怖かったのだ。

イエス・キリストは、自分が捕らわれて十字架刑になることを知りながらエルサレムから逃げようとせず、弟子たちと過ぎ越しの食事をした後、ひとりになって、ゲッセマネで二時間余り、父なる神に祈った。使命を覚悟して平安に祈ったのではない。「……悲しみもだえ始められた。そして、彼らに言われた。『わたしは死ぬばかりに悲しい』」（『マタイによる福音書』二六－三七～三八）とはなんと率直な表現だろうか。そして「『父よ、御心なら、この杯をわたしから取りのけてください。しかし、わたしの願いではなく、御心のままに行ってください』。すると、天使が天から現れて、イエスを力づけた。イエスは苦しみもだえ、いよいよ切に祈られた。汗が血の滴るように地面に落ちた」（『ルカによる福音書』二二－四二～四四）とあるように、天使から力づけてもらってさえも、苦しみ悶えたのだ。死の恐怖など極度のストレスと共に毛穴や汗腺から血液がにじみ出ることで知られる「血汗症」の現象だったとしても不思議ではない。

イエスは、世の終わりを叫んで禁欲を勧める苦行者ではなくて、分け隔てなく多くの人と共に食事をすることを大切にする三三歳の健康な男だった。そんなイエスが、弟子のひとりに裏切られ、他の弟子たちにも見捨てられて、全ての人の罪を背負わなければならない重い使命の前で恐れおののかなかったはずはない。

イギリス軍との戦闘にもひるまなかったジャンヌ・ダルクも、拷問や火刑の脅迫を前にしての恐怖におののいた。「血の汗」は流さなかったかもしれないけれど大きく体調を崩して、結局一度は「過ち」を認めた。けれども、ジャンヌはわずか三日後に「悔悛の宣誓書」を撤回して「戻り異端」として生きながら火で焼かれることになる。ジャンヌはそれを受け入れた。それは終わりでなく、出発だった。イエスも十字架上の死を受け入れることなしには復活による「永遠の命」を示すことができなかった。ジャンヌやフランチェスコは、故郷を後にした時に、すでに聖なる次元とつながっていた。それが彼らの力だった。けれども牢獄のジャンヌはゲッセマネのイエスのように恐れ、悶えた。そしてイエスのように、苦しみの果ての「受容」に到達した。その「受容」が、それを追体験し分かち合う人々に、「聖なるもの」を垣間見る窓を開いてくれる。

私たちも人生の途上で、いわれのない攻撃に出会ったり、災害や事故に遭遇したり、病や死の痛みや苦しみを味わったりすることがある。ジャンヌ・ダルクの生と死は、実存的な危機を前にした時にどうふるまえばいいのかを私たちに示唆してくれる。知的な健全さと謙虚さを持って、現実には対処できない危機を、超越的な別の視座から見直して「受容」することで開ける地平がある。

それは健全な心が謙虚の中で深まって到達する一種の「突破」なのかもしれない。あきらめによって、抵抗を放棄した末に、受け入れるのとは違う。ジャンヌ・ダルクが炎の中で最後までイエスの名を呼んだのは、火と煙の向こうから、彼女が幼い時から呼ばれていた世界が近づくのが見えたからなのかもしれない。この世でのジャンヌ・ダルクは、お告げの声に従って、オルレアンを解放し、ランスの大聖堂まで王太子に随行してシャルル七世として戴冠するのを見届けた。だからイギリス軍にはジャンヌを魔女として抹殺する必要があった。ジャンヌはたとえ殺されることになっても自分の使命を果たしたこと自体を後悔したわけではない。同胞への愛に駆られて戦ったことで殺される運命を受け入れることは、その使命をこの世の向こうにまで担っていくことだった。

百年戦争で果たした大きな役割だけがジャンヌ・ダルクの勝利と栄光の真実で、火刑台の死が挫折と悲劇の物語というわけではない。火刑台での死の受容は、ジャンヌが時空を超えて生き続けるスタート地点だった。「お告げ」を聞いたジャンヌの声は、二一世紀の今も聞こえ、語り継がれている。

オルレアンの町は半年も敵に包囲されて窮乏と絶望に捕らわれていた。今の世界でも、暴力によって孤立し窮乏している地域はなくならない。一見平和を享受している地域に住んでいる私たちも、強弱や勝敗や貧富や損得や生死にまつわるさまざまな数字や規範という牢獄に捕らわれている。オルレアンはジャンヌ・ダルクによって解放された。私たちも耳をすまして、偏見や憎しみやエゴイズムの包囲が解かれるのを待てばいいのだろうか。それとも、みんながジャンヌと手を取り合って、全員で息苦しい「正統とルール」の檻から出て、「超異端」の自由に向かって進んでいくべきなのだろうか。

「超異端の聖女」ジャンヌ・ダルクを混迷の二一世紀にこうしてもう一度送り出せることへの、心からの感謝の念を禁じ得ない。

二〇一九年四月

竹下節子

A. Jost 〈*Gilles de Rais*〉 Marabout
J. Heers 〈*Gilles de Rais*〉 Perrin
L. Pauwels / G. Breton 〈*Histoires magiques de l'histoire de France*〉 Albin Michel

*

J. Marigny 〈*Sang pour sang. Le réveil des vampires*〉 Gallimard
J. K. Huysmans 〈*Là-bas*〉 Le livre de poche

*

J. de Voragine 〈*La Légende Dorée*〉 1・2, Garnier-Flammarion
〈*Dix mille saints: Dictionnaire hagiographique*〉 Brepols

おもな参考文献

Epiney-Burgard / Zum Brunn 〈*Femmes troubadours de Dieu*〉 Brepols
T. Gosset 〈*Femmes mystiques*〉 La table ronde
Daniel-Rops 〈*Mystiques de France*〉 Corrêa
T. Hannaniel 〈*Les controverses du christianisme*〉 Bordas
S. Undset 〈*Catherine de Sienne*〉 Stock
N. Avril 〈*Monsieur de Lyon*〉 Albin Michel
G. Bataille: Articles de 〈*Critique*〉 1946
Cahiers Jussieu 5 〈*Les marginaux et les exclus dans l'histoire*〉 10/18

＊

K. Fowler 〈*Le siècle des Plantagenêtes et des Valois*〉 Albin Michel
R. Pernoud 〈*Vie et mort de Jeanne d'Arc*〉 Le livre de poche
idem 〈*J'ai nom Jeanne la Pucelle*〉 Gallimard
P. de Sermoise 〈*Les missions secrètes de Jehanne la Pucelle*〉 Robert Laffont
E. Weill-Raynal 〈*Le double secret de Jeanne la Pucelle*〉 Le Pavillon
A. Decaux 〈*Grands secrets, grandes énigmes*〉 Perrin
〈*Actualité de l'histoire mystérieuse*〉 n° 11/1995

＊

M. Toussaint-Samat 〈*Histoire technique et morale du vêtement*〉 Bordas
J.-P. Nortel 〈*Un Habit d'homme*〉 Théâtre fragile

＊

〈*Historia*〉 n° 574
D. V. der Cruysse 〈*L'abbé de Choisy*〉 Fayard
L. Viéville 〈*Les grandes énigmes du temps jadis*〉 Crémille

＊

本書の原本は、一九九七年に講談社現代新書として小社から刊行されました。

竹下節子（たけした　せつこ）
比較文化史家・バロック音楽奏者。東京大学大学院比較文学比較文化修士課程修了。同博士課程，パリ大学比較文学博士課程を経て，高等研究所でカトリック史，エゾテリズム史を修める。著書に『フリーメイスン』，『戦士ジャンヌ・ダルクの炎上と復活』など多数。
公式サイト http://www.setukotakeshita.com/

講談社学術文庫

定価はカバーに表示してあります。

ジャンヌ・ダルク
超異端《ちょういたん》の聖女《せいじょ》
竹下節子《たけしたせつこ》
2019年６月10日　第１刷発行

発行者　渡瀬昌彦
発行所　株式会社講談社
東京都文京区音羽 2-12-21 〒112-8001
電話　編集（03）5395-3512
販売（03）5395-4415
業務（03）5395-3615
装　幀　蟹江征治
印　刷　豊国印刷株式会社
製　本　株式会社国宝社
本文データ制作　講談社デジタル製作

ISBN978-4-06-516276-7

「講談社学術文庫」の刊行に当たって

これは、学術をポケットに入れることをモットーとして生まれた文庫である。学術は少年の心を養い、成年の心を満たす。その学術がポケットにはいる形で、万人のものになることは、生涯教育をうたう現代の理想である。

こうした考え方は、学術を巨大な城のように見る世間の常識に反するかもしれない。また、一部の人たちからは、学術の権威をおとすものと非難されるかもしれない。しかし、それはいずれも学術の新しい在り方を解しないものといわざるをえない。

学術は、まず魔術への挑戦から始まった。やがて、いわゆる常識をつぎつぎに改めていった。学術の権威は、幾百年、幾千年にわたる、苦しい戦いの成果である。こうしてきずきあげられた城が、一見して近づきがたいものにうつるのは、そのためである。しかし、学術の権威を、その形の上だけで判断してはならない。その生成のあとをかえりみれば、その根は常に人々の生活の中にあった。学術が大きな力たりうるのはそのためであって、生活をはなれた学術は、どこにもない。

開かれた社会といわれる現代にとって、これはまったく自明である。生活と学術との間に、もし距離があるとすれば、何をおいてもこれを埋めねばならない。もしこの距離が形の上の迷信からきているとすれば、その迷信をうち破らねばならぬ。

学術文庫は、内外の迷信を打破し、学術のために新しい天地をひらく意図をもって生まれた。文庫という小さい形と、学術という壮大な城とが、完全に両立するためには、なおいくらかの時を必要とするであろう。しかし、学術をポケットにした社会が、人間の生活にとってより豊かな社会であることは、たしかである。そうした社会の実現のために、文庫の世界に新しいジャンルを加えることができれば幸いである。

一九七六年六月

野間省一

外国の歴史・地理

古代朝鮮
井上秀雄著（解説・鄭早苗）

中国・日本との軋轢と協調を背景に、古代の朝鮮は統一へとその歩を進めた。旧石器時代から統一新羅の滅亡まで、政治・社会・文化を包括し総合的に描き、朝鮮半島の古代を鮮やかに再現する朝鮮史研究の傑作。

1678

五代と宋の興亡
周藤吉之《すどうよしゆき》・中嶋　敏著

唐末の動乱から宋の統一と滅亡への四百年史。五代十国の混乱を経て宋が中国を統一するが、財政改革を巡る抗争の中、金軍入寇で江南へ逃れ両朝並立。都市が栄える一方、モンゴル勃興で滅亡に至る歴史を辿る。

1679

中世ヨーロッパの城の生活
J・ギース、F・ギース著／栗原　泉訳

中世英国における封建社会と人々の暮らし。時代は十一世紀から十四世紀、ノルマン征服を経て急速に封建化が進む中、城を中心に、人々はどのような暮らしを営んでいたのか。西欧中世の生活実態が再現される。

1712

ハンニバル　地中海世界の覇権をかけて
長谷川博隆著

大国ローマと戦ったカルタゴの英雄の生涯。地中海世界の覇権をかけて激突した古代ローマとカルタゴ。大国ローマを屈服寸前まで追いつめたカルタゴの将軍ハンニバルの天才的な戦略と悲劇的な生涯を描く。

1720

中世ヨーロッパの歴史
堀越孝一著

ヨーロッパとは何か。その成立にキリスト教が果たした役割とは？　地中海古代社会から森林と原野の内陸部へ展開、多様な文化融合がもたらしたヨーロッパ世界の形成過程を「中世人」の眼でいきいきと描きだす。

1763

中世ヨーロッパの都市の生活
J・ギース、F・ギース著／青島淑子訳

一二五〇年、トロワ。年に二度、シャンパーニュ大市が開催され、活況を呈する町を舞台に、ヨーロッパの人々の暮らしを逸話を交え、立体的に再現する。活気に満ち繁栄した中世都市の実像を生き生きと描く。

1776

十二世紀ルネサンス

伊東俊太郎著（解説・三浦伸夫）

中世の真っ只中、閉ざされた一文化圏であったヨーロッパが突如として「離陸」を開始する十二世紀。多くの書がラテン訳され充実する知的基盤。先進的アラビアに接し文明形態を一新していく歴史の動態を探る。

1780

紫禁城の栄光 明・清全史

岡田英弘・神田信夫・松村　潤著

十四～十九世紀、東アジアに君臨した二つの帝国。遊牧帝国と農耕帝国の合体が生んだ巨大な多民族国家・中国。政治改革、広範な交易網、度重なる戦争……。シナが中国へと発展する四百五十年の歴史を活写する。

1784

文明の十字路＝中央アジアの歴史

岩村　忍著

ヨーロッパ、インド、中国、中東の文明圏の間に生きた中央アジアの民。東から絹を西から黄金を運んだシルクロード。世界の屋根に分断されたトルキスタン。草原の民とオアシスの民がくり広げた壮大な歴史とは？

1803

生き残った帝国ビザンティン

井上浩一著

興亡を繰り返すヨーロッパとアジアの境界、「文明の十字路」にあって、なぜ一千年以上も存続しえたか。皇帝・貴族・知識人は変化にどう対応したか。ローマ皇帝の改宗から帝都陥落まで「奇跡の一千年」を活写。

1866

英語の冒険

M・ブラッグ著／三川基好訳

英語はどこから来てどのように世界一五億人の言語となったのか。一五〇〇年前、一五万人の話者しかいなかった英語の祖先は絶滅の危機を越えイングランドの言葉から「共通語」へと大発展。その波瀾万丈の歴史。

1869

中世ヨーロッパの農村の生活

J・ギース、F・ギース著／青島淑子訳

中世ヨーロッパ全人口の九割以上は農村に生きた。舞台はイングランドの農村。飢饉や黒死病、修道院解散や囲い込みに苦しむ人々は、村という共同体でどう生き抜いたか。文字記録と考古学的発見から描き出す。

1874